HEYNE BÜCHER

HEYNE KOCHBÜCHER

Cornelia Schinharl

Vollwert Weihnachtsbäckerei

Plätzchen, Lebkuchen,
Stollen und Kuchen aus gesunden,
naturbelassenen Zutaten

Originalausgabe

WILHELM HEYNE VERLAG
MÜNCHEN

HEYNE KOCHBUCH
07/4630

4. Auflage
(1. Auflage dieser Ausgabe; bisher lieferbar unter der Nr. 07/4485)

Printed in Germany 1991
Umschlaggestaltung: Atelier Ingrid Schütz, München
Umschlagfoto: Christian Teubner, Füssen
Innenfotos: Fotostudio Pete Eising, München; Gruner & Jahr, Hamburg
Satz: Schaber, Wels
Druck und Bindung: R.M.O.-Druck, München

ISBN 3-453-054202

Inhalt

Abkürzungen:

EL = Eßlöffel
TL = Teelöffel
Msp = Messerspitze
l = Liter
ccm = Kubikzentimeter

Vorwort

Plätzchen, Lebkuchen und anderes Weihnachtsgebäck aus Vollkornmehlen und anderen naturbelassenen Zutaten, das kommt dem Wunsch all jener entgegen, die sich gesund ernähren wollen, ohne auf den Genuß von etwas Süßem ganz zu verzichten. Gerade zur Weihnachtszeit, wenn es aus so mancher Bäckerei und sogar im eigenen Treppenhaus verführerisch duftet, möchte man gerne etwas Selbstgebackenes auf dem Adventteller finden.
Ich habe deshalb in diesem Buch Plätzchen, Stollen und vieles mehr zusammengestellt, die den Anforderungen der Vollwertküche entsprechen und mit denen man sich selbst und andere ohne Reue verwöhnen kann. Sie finden Bekanntes wie Vanillekipferl, Elisenlebkuchen und Schwarz-Weiß-Gebäck neben neuen Backideen wie Haferplätzchen mit getrockneten Äpfeln, die ich speziell für die Vollwertbäckerei entwickelt habe. Außerdem enthält das Buch ein Kapitel mit Geschenkideen aus der eigenen Backstube wie einen Nikolaus aus Hefeteig, köstliche Pralinen aus Trockenfrüchten oder Honigkuchenplätzchen als Schmuck für den Weihnachtsbaum. Denn wer würde sich nicht über ein selbstgebackenes Mitbringsel freuen? Auch dem Backen mit Kindern habe ich ein eigenes Kapitel gewidmet, denn Vollkornteige sind manchmal empfindlich (sie trocknen schneller aus) und sie sollten durch das lange Kneten, das die Kinder so lieben, keinen Schaden nehmen. Und schließlich habe ich mich in der Küche anderer Länder umgesehen, um Ihnen die ganze Bandbreite von Weihnachtsgebäck zu vermitteln. In vielen Ländern wird – wie auch bei uns – niemals so viel und abwechslungsreich gebacken wie in der Adventszeit.

In einem Einführungskapitel erfahren Sie alles Wissenswerte über Vollkornmehle und alternative Süßungsmittel sowie Kurzportraits aller Zutaten, die Sie für die Vollwertbäckerei benötigen. Außerdem nützliche Tips, damit die Backwaren auch wirklich mühelos gelingen.

Natürlich sollte man Plätzchen oder andere Backwaren aus Vollkornmehlen und mit alternativen Süßungsmitteln ebenfalls nicht im Übermaß genießen, denn auch die Süße von getrockneten Früchten, Sirup oder Zuckerrohrgranulat kann Karies fördern. Dennoch enthalten diese Backwaren mehr Nährwerte, Vitamine und Mineralstoffe als das bekannte Gebäck aus weißem Mehl und viel Zucker. Ich habe nicht nur auf die Verwendung von Fabrikzucker verzichtet, sondern auch die Zuckermengen an sich drastisch reduziert. Wem diese Art des Backens noch nicht ganz vertraut ist, der braucht vielleicht einige Zeit, bis er sich daran gewöhnt hat, daß die Backwaren nicht nur süß schmecken und wird erst dann feststellen, daß man alle anderen verwendeten Zutaten auf diese Weise viel besser herausschmecken kann.

Ein weiterer Vorteil des vollwertigen Backens ist, daß man schneller und anhaltender davon satt wird, man also ganz automatisch weniger Gebäck ißt.

Bunte Glasuren und reichhaltige Verzierungen mit Puderzucker, Schokoladenstreuseln und kandierten Früchten werden Sie bei den Backwaren dieses Buches natürlich nicht finden. In der Vollwertbäckerei muß man die Variationsbreite durch verschiedene Formen und nicht zuletzt durch den unterschiedlichen Geschmack erreichen.

Und nun wünsche ich Ihnen viel Spaß beim Backen und Genießen!

Wissenswertes über die Vollwertbäckerei

Die Bedeutung von Getreide für unsere Ernährung

Getreide bildete jahrhundertelang eine Grundlage der menschlichen Ernährung. Früher war es eine Selbstverständlichkeit, das ganze Getreidekorn zu vermahlen und Vollkornbrot daraus herzustellen. Erst mit zunehmender Industrialisierung ging man dazu über, die äußersten Schichten des Getreidekorns vor dem Mahlen abzuschleifen, um das »schöne, weiße Mehl« zu erhalten, das appetitlich aussah und sich kunstvoll verarbeiten ließ. Ein zusätzlicher Vorteil dieser Methode war und ist, daß weißes Mehl dazu unbegrenzt haltbar ist, da man mit dem Keim auch die fetthaltigen Substanzen entfernte. Erst durch die zunehmende Verbreitung der Vollwertkost wurde man wieder darauf aufmerksam, daß mit dieser Methode auch fast alle lebenswichtigen Bestandteile des Getreidekorns verschwanden.

Der Wert des Getreides für die Ernährung hängt also hauptsächlich von der Verarbeitung ab. Jedes Getreidekorn ist nach demselben Prinzip aufgebaut. Der kohlenhydrathaltige Mehlkörper wird von den Aleuronschichten umschlossen, die besonders reich an Vitaminen, Mineralstoffen, Eiweiß und Fett sind. An einer Seite des Korns sitzt unter dieser Schicht noch der Keimling, der ebenfalls viele Nährwerte enthält. Das ganze Getreidekorn versorgt uns also mit hochwertigem pflanzlichen Eiweiß, Fett, Vitaminen (hauptsächlich der B-Gruppe, die für den Stoffwechsel und das

Nervensystem wichtig sind) und Mineralstoffen wie Kalium, Phosphor und Eisen.
Um weißes Mehl zu erhalten, werden vor dem Mahlen sowohl der Keim als auch die Aleuronschichten entfernt. Was übrig bleibt, ist der kohlenhydrathaltige Mehlkörper, der dann zu feinem Mehl vermahlen wird. Weißes Mehl enthält nur noch geringe Mengen an Eiweiß, Vitaminen und Mineralstoffen.
Nur wer Vollkornmehl zum Backen verwendet, wird also mit allen im Getreide enthaltenen Nährwerten ausreichend versorgt. Näheres über die einzelnen Getreidearten finden Sie im Kapitel *Kleines ABC des Backens* unter dem jeweiligen Stichwort.

Alternative Süßungsmittel

Neben weißem Mehl wird vor allem der Verzehr von Fabrikzucker für die Vollwerternährung immer wieder nachdrücklich abgelehnt. Ausgangsprodukt für den weißen Haushaltszucker sind Zuckerrüben und Zuckerrohr. Durch die industrielle Verarbeitung gehen jedoch alle Vitamine und Mineralstoffe, die im Ausgangsprodukt (in Massen) enthalten sind, verloren. Zucker liefert dem Körper jedoch nicht nur keine Vitalstoffe, sondern er verbraucht zum Abbau sogar noch welche: er benötigt Vitamine der B-Gruppe, damit er vom Körper abgebaut werden kann.
So ist es auch ganz einleuchtend, daß der gleichzeitige Verzehr von weißem Mehl und Fabrikzucker ganz automatisch zu einem Vitamin-B-Mangel führen muß. Dieser führt jedoch zum Beispiel zu Kopfschmerzen, Müdigkeit und Kreislaufbeschwerden.
Wenn man nun nach alternativen Süßungsmitteln sucht, sollte man zuallererst damit anfangen, den Verbrauch an Süßungsmitteln ganz allgemein zu reduzieren. Denn genauso wie man sich an stark gesüßten Kaffee oder zuckersüßes Gebäck gewöhnt, kann man sich dies auch wieder abgewöhnen. Denn ganz gleich, welche Süßungsmittel Sie verwenden, sie enthalten stets Zucker und

dieser ist immer schädlich, wenn er im Übermaß genossen wird. Statt Zucker können Sie getrocknete Früchte verwenden, die neben Fruchtzucker auch viele Ballaststoffe enthalten, die die Verdauung günstig beeinflussen. Honig ist ein natürlicher Süßstoff, der Vitamine und Mineralstoffe enthält. Wenn Honig jedoch längere Zeit hohen Temperaturen ausgesetzt ist, gehen diese Inhaltsstoffe verloren. Man sollte ihn beim Backen also hauptsächlich für schonend zubereitetes Gebäck verwenden. Auch alle Siruparten sowie das schonend gewonnene Zuckerrohrgranulat enthalten geringe Mengen an Vitaminen und Mineralstoffen.
Brauner Zucker ist übrigens keineswegs gesünder als weißer, er wird nach dem gleichen Prinzip hergestellt, nur nicht gereinigt.

Kleines ABC des Backens

In diesem Kapitel finden Sie alle Zutaten, die Sie für die Vollwertbäckerei benötigen, sowie die kurze Beschreibung einiger nützlicher Geräte und wichtige Tips, die Ihnen die Zubereitung der Backwaren erleichtern und vereinfachen sollen.

Ahornsirup kommt hauptsächlich aus Kanada und den USA. Man gewinnt ihn durch Anzapfen von wildwachsenden Ahornbäumen. Der auslaufende Saft wird dann zu Sirup eingekocht. Ahornsirup besteht zu etwa 90 Prozent aus Zucker, weshalb man auch ihn sparsam verwenden sollte. Außerdem enthält er geringe Mengen von Vitaminen, Mineralstoffen und Spurenelementen. Ahornsirup ist relativ teuer und muß nach dem Öffnen im Kühlschrank aufbewahrt werden, da er nicht so lange haltbar ist wie etwa Honig.

Alkohol dient in allen Rezepten nur zur Geschmacksverfeinerung. Ich habe jedoch bei fast allen Backwaren einen Ersatz dafür angegeben.

Anis ist ein beliebtes Gewürz zum Beispiel für Anisplätzchen, das aus der Anispflanze gewonnen wird. Anis ist unzerkleinert und gemahlen im Handel. Da sich nach dem Mahlen die ätherischen Öle schnell verflüchtigen, sollte man dieses Gewürz möglichst selbst zerkleinern (im Mörser oder in einer Kaffeemühle). Anis ist auch Bestandteil von Lebkuchen-Gewürzmischungen.

Apfeldicksaft wird durch starkes Einkochen von Apfelsaft gewonnen und verleiht den Backwaren außer der Süße einen mildfruchtigen Geschmack. Allerdings gehen durch die starke Hitze beim Einkochen auch wichtige Vitamine verloren. Man sollte Apfeldicksaft in jedem Fall im Reformhaus oder Naturkostladen kaufen und sich erkundigen, ob bei der Herstellung Zucker zugesetzt wurde. Außerdem gibt es noch Apfelkraut zu kaufen, das jedoch etwas teurer ist.

Arrowroot *siehe* »Wildpfeilwurzelmehl«

Aufbewahrung der Backwaren Weihnachtsgebäck wird meist nicht sofort verzehrt, manches davon gewinnt sogar durch die Lagerung noch an Geschmack und das Aroma verstärkt sich. Plätzchen und großes Weihnachtsgebäck bewahren Sie am besten in großen Blechdosen auf. Man kann zusätzlich ein Stück Apfel oder auch Orangenschalen in die Dosen legen. Das macht das Gebäck weicher und verleiht ihm Aroma.

Ausstechförmchen sind für die Weihnachtsbäckerei nahezu unerläßlich. Es gibt sie aus Blech, Plastik oder Aluminium in den verschiedensten Mustern zu kaufen. Förmchen aus Blech sind meist scharfkantiger, was das Ausstechen erleichtert. Plastikförmchen sind jedoch dann besser geeignet, wenn Sie mit Kindern backen. Die Förmchen taucht man während des Ausstechens am besten immer wieder in Mehl, damit sie nicht am Teig kleben bleiben. Wenn Sie keine Ausstechförmchen besitzen, können Sie aus dickem Papier oder Pappe beliebige Formen ausschneiden, diese auf den Teig legen und den Teig um die Schablone herum mit einem scharfen Messer ausschneiden.

Backbleche Um Plätzchen zu backen, benötigt man meist mehr als nur ein Blech. Wenn Ihnen ein zweites Blech fehlt, können Sie sich mit Pergamentpapier behelfen: Einige Stücke Papier in Größe

des Backblechs ausschneiden, mit Butter ausstreichen und die Plätzchen darauflegen. So können Sie immer schon die nächste Schicht vorbereiten, während die ersten Plätzchen im Backofen sind.
Backbleche sollten Sie übrigens immer mit Butter und nicht mit Öl einfetten, da das Öl sich so festbrennt, daß es kaum mehr zu entfernen ist.

Backpulver *siehe* »Weinstein-Backpulver«.

Backtemperaturen Die meisten Herde weisen bei derselben Einstellung so unterschiedliche Hitzeleistungen auf, daß die angegebenen Backtemperaturen und -zeiten immer nur Richtwerte sein können. Sie werden jedoch sicher schnell herausfinden, wie Ihr Herd »reagiert« und welche Temperatureinstellung Sie für das jeweilige Gebäck wählen müssen.
In den Rezepten finden Sie immer nur die Temperaturangaben für den Elektroherd. Wenn Sie einen Gas- oder Umluftherd besitzen, richten Sie sich bitte nach folgender Tabelle.

Elektroherd	*Gasherd*	*Umluftherd*
100 Grad	Stufe 1	80 Grad
125 Grad	Stufe 1	100 Grad
150 Grad	Stufe 1½	130 Grad
175 Grad	Stufe 2	160 Grad
200 Grad	Stufe 3	175 Grad
225 Grad	Stufe 4	200 Grad

Backtrennpapier wird inzwischen oft zum Backen verwendet, um das Einfetten der Bleche zu vermeiden. Dieses Papier ist jedoch in der Herstellung sehr umweltbelastend, weshalb ich es nicht verwendet habe.

Birnendicksaft *siehe* »Apfeldicksaft«.

Buchweizen ist kein Getreide, sondern zählt zur Familie der Knöterichgewächse. Die kleinen – Bucheckern ähnlichen – Samen enthalten Vitamine der B-Gruppe und Niacin sowie die Mineralstoffe Kalium, Phosphor und Eisen. Gebäck mit Buchweizen erhält einen feinen, leicht nußartigen Geschmack. Mit Buchweizen allein lassen sich jedoch aufgrund des fehlenden Klebereiweißes keine guten Backergebnisse erzielen.

Butter ist ein natürliches Fett, das aus Milch ohne Sahne hergestellt wird. Sie ist unter den Bezeichnungen Süßrahm- oder Sauerrahmbutter im Handel, je nachdem ob sie mit gesäuerten Milchprodukten hergestellt wurde. Lange Zeit wurde Butter aufgrund des hohen Cholesteringehaltes teilweise abgelehnt. Neuesten Untersuchungen zufolge hat das Cholesterin, das man mit der Nahrung zu sich nimmt, jedoch keinen oder nur geringen Einfluß auf den Cholesterinspiegel im Blut. Butter ist in jedem Fall den meist mit chemischen Hilfsmitteln hergestellten Margarinesorten vorzuziehen.

Carobenpulver ist auch unter der Bezeichnung Carob im Handel. Es wird aus den süß schmeckenden Früchten des Johannisbrotbaumes durch Mahlen gewonnen. Caroben hat einen kakaoähnlichen Geschmack, ist jedoch frei von den im Kakao enthaltenen anregenden Stoffen. Außerdem enthält es viele Vitamine und Mineralstoffe. In der Vollwertküche wird Caroben daher als Kakaoersatz verwendet.

Cashewnüsse sind die Ölsamen des Cashewbaumes, einem Verwandten des Mangobaumes, und schmecken leicht süßlich. Sie enthalten neben Eiweiß und einem hohen Anteil an ungesättigten Fettsäuren Vitamine der B-Gruppe, Vitamin E und Niacin sowie die Mineralstoffe Phosphor, Calcium und Magnesium.

Datteln sind die Beerenfrüchte der Dattelpalme. Sie werden meist getrocknet angeboten. Man sollte darauf achten, daß man Datteln kauft, die in den Anbauländern in der Sonne getrocknet und nicht unter Zuhilfenahme chemischer Methoden konserviert wurden.

Dinkel ist eine dem Weizen verwandte Getreideart. Er enthält unter anderem Vitamine der B-Gruppe sowie die Mineralstoffe Phosphor, Magnesium und Calcium. Da Dinkel nur selten angebaut wird, ist er relativ teuer. Man kann für alle Backwaren, die mit Weizen zubereitet werden, auch Dinkel verwenden.

Eier sollte man immer von Hühnern aus artgerechter Haltung kaufen. Um festzustellen, wie frisch ein Ei ist, gibt es zwei Möglichkeiten:
Man legt das Ei in ein Gefäß mit kaltem Wasser. Ein etwa zwei Tage altes Ei sinkt auf den Boden des Gefäßes, da die Luftkammer noch sehr klein ist. Ein etwa sieben Tage altes Ei richtet sich halb auf, ein zwei bis drei Wochen altes Ei steht auf der Spitze und ein noch älteres Ei schwimmt an der Oberfläche. Eier, die an der Oberfläche schwimmen, sollte man nicht mehr verwenden.
Außerdem kann man die Eier auch einzeln auf einen Teller aufschlagen. Beim frischen Ei ist der Dotter halbkugelförmig und das Eiweiß umgibt ihn wie ein Ring. Je älter das Ei, desto flacher wird der Dotter und das Eiweiß wäßriger.
Eier von Hühnern aus Bodenhaltung sind übrigens nicht unbedingt besser als Eier aus der Legebatterie. Bodenhaltung heißt nämlich nur, daß die Hühner frei auf dem Boden herumlaufen dürfen. Wenn jedoch sehr viele Hühner in einem Raum zusammen sind, ist die Ansteckungsgefahr wesentlich größer als »auf der Stange«, weshalb sie meist vorbeugend viele Medikamente bekommen.

Erdnüsse sind botanisch betrachtet keine Nüsse, sondern eine Hülsenfruchtart. Sie sind reich an essentiellem Eiweiß, ungesättigten Fettsäuren, Vitaminen der B-Gruppe, Vitamin A und E. Außerdem enthalten sie die Mineralstoffe Calcium, Kalium, Phosphor, Magnesium und Schwefel. In Naturkostläden und Reformhäusern sind Erdnüsse erhältlich, die nicht chemisch behandelt wurden. Allerdings sind Erdnüsse sehr anfällig für Schimmelpilze, die die krebserregenden Aflatoxine bilden. Man sollte sie deshalb nicht zu oft verzehren.

Feigen sind die Früchte des Feigenbaumes, die bei uns hauptsächlich getrocknet angeboten werden. Feigen sollte man nur in Naturkostläden oder Reformhäusern kaufen, da sie dann nicht so stark behandelt wurden.

Gebäckspritzen gibt es aus Kunststoff und aus Metall mit Vorsätzen für verschiedene Formen. Gerade beim Vollwert-Backen ist es oft von Vorteil, wenn man Plätzchen mit unterschiedlichen Formen hat, da man nicht so stark mit Verzierungen arbeiten kann. Eine Gebäckspritze oder aber ein Spritzbeutel sind deshalb eine lohnende Anschaffung.

Gerste ist eine der ältesten Kulturpflanzen. Sie wird entspelzt oder auch als Nacktgerste (Sprießkorngerste) angeboten. Gerste enthält nur wenig Fett. Sie ist reich an Vitaminen der B-Gruppe, Vitamin E und Niacin sowie den Mineralstoffen Calcium, Eisen und Phosphor.

Getreide sollten Sie immer aus biologischem Anbau kaufen. Natürlich lassen sich auch bei diesen Anbaumethoden die Verschmutzungen aus Luft und Wasser nicht vermeiden, jedoch werden die Pflanzen nicht noch zusätzlich mit Insektenvertilgungsmitteln und dergleichen mehr besprüht. Ganze Getreidekörner lassen sich an einem kühlen, trockenen Ort fast unbegrenzt lagern.

Getreideflocken werden hauptsächlich aus Hafer, Weizen, Reis, Hirse oder Mais hergestellt. Sie werden aus über Dampf erhitzten, gepreßten und getrockneten Getreidekörnern gewonnen. Durch diese Behandlung und die Lagerung gehen einige Inhaltsstoffe verloren; sie sind also nicht mehr so hochwertig wie frisch verarbeitetes Getreide. Man kann sie jedoch roh und ohne vorheriges Einweichen verwenden.

Getreidemühlen Man kann sich in fast allen Naturkostläden und einigen Reformhäusern Getreide frisch mahlen lassen. Wer jedoch häufig Mehl benötigt, für den lohnt sich der Erwerb einer eigenen Getreidemühle. Im Handel werden Handmühlen (nur für kleine Mengen geeignet), Elektromühlen und Vorsatzgeräte für Küchenmaschinen angeboten. Die Mahlwerke der Mühlen sind manchmal aus Stein, mit denen man sehr feines Mehl mahlen kann, die aber Ölsaaten wie zum Beispiel Mohn nicht vermahlen können, da die Steine sonst verkleben. Außerdem gibt es noch Getreidemühlen mit Mahlwerken aus Stahl oder aus Keramik, die beide auch für das Mahlen von Ölsaaten geeignet sind. Vor dem Kauf einer Getreidemühle sollte man sich am besten in einem Naturkostladen informieren, welche Mühle für den eigenen Gebrauch am geeignetsten ist.

Gewürznelken werden beim Backen hauptsächlich für Lebkuchen und andere Gewürzplätzchen verwendet. Man kann sie bereits gemahlen kaufen, sollte das Pulver jedoch nicht zu lange lagern, da sich sonst die ätherischen Öle verflüchtigen. Nelkenpfeffer ist Bestandteil von fertigen Lebkuchengewürzen.

Grünkern ist unreif geernteter und gedarrter Dinkel. Beim Backen wird er jedoch hauptsächlich für pikante Erzeugnisse verwendet. Ich habe ihn deshalb in den Rezepten dieses Buches nicht verwendet.

Hafer gibt es entspelzt oder als Nackthafer zu kaufen. Er enthält mehr hochwertiges Eiweiß als alle anderen Getreidearten, außerdem reichlich Linolsäure, Vitamine der B-Gruppe, Vitamin E und Niacin sowie die Mineralstoffe Kalium, Calcium, Phosphor und Magnesium. Hafer soll beruhigend auf den Verdauungstrakt wirken.

Haselnüsse sind reich an Eiweiß und gesättigten Fettsäuren. Außerdem enthalten sie die Vitamine D, E, B und C sowie die Mineralstoffe Phosphor, Calcium und Eisen. Sie sind aufgrund ihres hohen Fettgehaltes nur begrenzt haltbar. Man sollte sie deshalb – wie alle Nüsse und Samen – immer unzerkleinert kaufen.

Hefe hat ein starkes Gärvermögen. Sie spaltet Zucker und Kohlenhydrate in Äthylalkohol und Kohlendioxid, wodurch der Teig in die Höhe getrieben wird. Hefe ist eiweiß- und vitaminreich. Frische Hefe erkennt man an der glatten, gleichmäßig gefärbten Oberfläche und dem typischen Hefegeruch. Zu alte Hefe ist an den Rändern ausgetrocknet oder gar verschimmelt und riecht muffig.

Hirse ist reich an essentiellem Eiweiß und leicht verdaulich. Sie enthält Vitamine der B-Gruppe, Vitamin A und C sowie die Mineralstoffe Kalium, Calcium, Magnesium, Eisen und Fluor. Mit Hirsemehl allein kann man keine Backwaren herstellen, da sie kein Klebereiweiß enthält. Backwaren mit Hirse können einen leicht bitteren Nachgeschmack haben, den jedoch nur Leute bemerken, deren Geschmacksnerven in dieser Richtung empfindlich sind.

Honig ist ein Naturprodukt, das aus verschiedenen in Wasser gelösten Zuckerarten aus dem Blütennektar und Honigtau besteht. Die im Honig enthaltenen Vitamine und Mineralstoffe werden durch zu starkes Erhitzen zerstört. Deshalb sollte man ihn möglichst nicht erhitzen und auch beim Einkauf darauf achten, daß der Honig vor dem Verpacken nicht hohen Temperaturen ausgesetzt wurde. Unterschieden wird der Honig nach der pflanzlichen Herkunft, zum Beispiel Tannenhonig, nach dem Ursprungsland, zum Beispiel Kalifornischer Honig oder nach der Art der Gewinnung wie Wabenhonig, Schleuderhonig (wird durch Zentrifugieren gewonnen) und Seimhonig, der erwärmt und ausgepreßt wird.

Ingwer ist die knollige Wurzel einer asiatischen Pflanze, die es bei uns frisch, getrocknet, eingelegt, kandiert oder gemahlen zu kaufen gibt. Den würzigen Ingwer sollte man sparsam verwenden. Ingwer ist Bestandteil von fertigen Lebkuchengewürzen.

Kardamom ist ein bekanntes Lebkuchengewürz. Man kann ihn ganz oder gemahlen kaufen. Er ist Bestandteil von fertigen Lebkuchen-Gewürzmischungen.

Kokosnuß ist die Steinfrucht der Kokospalme. Kokosnüsse sind sehr fettreich. Außerdem enthalten sie Vitamine der B-Gruppe, Vitamin C sowie die Mineralstoffe Natrium, Kalium, Calcium, Eisen und Phosphor. Kokosraspel werden aus dem weißen Fruchtfleisch gewonnen. Da sie sehr fettreich sind, werden sie schnell ranzig. Am besten verwendet man zum Backen selbstgeraspeltes Kokosnußfleisch.

Koriander stammt von einer Gewürzpflanze mit pfefferkornartigen Früchten. Er ist gemahlen und ungemahlen im Handel und wird hauptsächlich für Lebkuchen und anderes Gewürzgebäck verwendet. Er ist Bestandteil von fertigen Lebkuchen-Gewürzmischungen.

Korinthen sind kleine, kernlose Rosinen. Sie werden an der Luft getrocknet und dürfen nicht geschwefelt werden. Sie sind deshalb anderen Rosinenarten vorzuziehen.

Küchenwaage ist gerade beim Backen unerläßlich, da man die angegebenen Mengen möglichst genau einhalten sollte. Beim Kauf einer Waage darauf achten, daß sie Maße von 5 g bis 1 kg genau wiegen kann.

Kürbiskerne zählen zu den Ölsaaten und enthalten viel Eiweiß, ungesättigte Fettsäuren, Vitamine der B-Gruppe und Vitamin E. Außerdem enthalten sie die Mineralstoffe Phosphor, Eisen und Zink. Kürbiskerne gibt es geschält und ungeschält zu kaufen.

Lebkuchengewürz gibt es bereits fertig gemischt zu kaufen. Es enthält je nach Hersteller eine Zusammensetzung aus Anis, Ingwer, Koriander, Kardamom, Muskatblüte, Nelken, Piment und Zimt in unterschiedlichen Mengenverhältnissen.

Mais enthält abgesehen von Reis weniger Eiweiß als alle anderen Getreidearten. Er ist reich an Vitaminen der B-Gruppe, Vitamin A, E und Niacin sowie den Mineralstoffen Eisen, Phosphor, Magnesium und Calcium. Maismehl eignet sich wegen seines geringen Klebereiweißgehaltes nur für flaches Gebäck oder zum Kombinieren mit anderen Getreidearten.

Malzextrakt wird aus gekeimter Gerste, Mais, Reis oder Weizen hergestellt und süßt nicht so stark wie andere Süßungsmittel, enthält dafür aber auch Eiweiß und Mineralstoffe.

Mandelmühle Zum Zerkleinern von Nüssen am besten geeignet. Da man Nüsse möglichst unzerkleinert kaufen sollte und sie im elektrischen Mixer oft zu musig werden, ist eine Mandelmühle auf jeden Fall zu empfehlen.

Mandeln gibt es süß und bitter. Sie sind reich an Fett und Eiweiß sowie den Mineralstoffen Calcium, Kalium und Magnesium. Bittere Mandeln enthalten Blausäure und dürfen deshalb nur in winzigen Mengen als Gewürz verwendet werden. Außerdem sollte man sie immer verschlossen und für Kinder unerreichbar aufbewahren.

Margarine wird meist aus verschiedenen Fetten und Ölen mit Hilfe chemischer Mittel und Verfahren erzeugt. In der Vollwerternährung findet sie deshalb keine Verwendung.

Marmelade In Naturkostläden gibt es Marmelade zu kaufen, die ohne Zucker oder Honig hergestellt wird. Gesüßt werden diese Fruchtmarmeladen mit verschiedenen Geschmacksrichtungen durch Zugabe von getrocknetem Obst. Man sollte sie in jedem Fall konventionell hergestellter Marmelade vorziehen.

Marzipan wird aus gemahlenen Mandeln und viel Zucker hergestellt. Da auch mit Honig gesüßtes Marzipan den Richtlinien der Vollwertkost nicht entspricht, habe ich es in diesem Buch nicht verwendet.

Maße und Mengen sind gerade beim Backen mit Vollkornmehlen oft sehr schwer ganz exakt anzugeben. Das Mehl nimmt, je nachdem, wie fein es gemahlen wurde, unterschiedliche Mengen an Flüssigkeit auf. Sie sollten deshalb immer etwas mehr Flüssigkeit und auch Mehl zur Verfügung halten, als es im jeweiligen Rezept angegeben wurde.

Mehltypen Hochausgemahlenes Mehl (mit hohen Typenbezeichnungen) ist wertvoller als niedrigausgemahlenes, da das ganze Korn verwendet wird. Vollkornmehl wird aufgrund seines höheren Fettgehaltes schneller ranzig und sollte deshalb immer frisch gemahlen verwendet werden. Außerdem gehen durch Zufuhr von Sauerstoff wichtige Inhaltsstoffe verloren. Die Mehltypen selbst sind in diesem Buch nicht von Bedeutung, da immer Vollkornmehl verwendet wurde.

Mohn wird auch unter der Bezeichnung Blaumohn angeboten. Mohn sollte man immer ungemahlen kaufen, da er zerkleinert sehr schnell ranzig wird. Mahlen kann man Mohn in der Kaffeemühle und in einigen Küchenmaschinen, wenn man keine geeignete Getreidemühle besitzt.

Muskat wird als Zutat für Gewürzgebäck verwendet und ist Bestandteil des fertig gemischten Lebkuchengewürzes. Man kann ihn ganz oder gemahlen kaufen.

Mutterkorn ist ein Pilz, der Getreide, vor allem Roggen, befällt. Das Korn ist schwarz und größer als das normale Getreidekorn, man kann es also leicht aussortieren. Da Mutterkorn in größeren Mengen giftig ist, sollte man das Getreide vor der Verarbeitung immer gründlich verlesen.

Nußmuse gibt es aus Haselnüssen, Mandeln, Erdnüssen, Cashewnüssen und Sonnenblumenkernen in Reformhäusern und Naturkostläden. Sie bestehen aus sehr fein zerkleinerten Nüssen und eignen sich zur Geschmacksverfeinerung der Backwaren. Angebrochene Gläser sollte man immer im Kühlschrank und nicht zu lange aufbewahren.

Orangeat und Zitronat sind kandierte Orangen- beziehungsweise Zitronenschalen. Aufgrund des hohen Zuckergehaltes finden sie in der Vollwertkost keine Verwendung, sondern werden in allen Rezepten durch getrocknete Früchte ersetzt.

Pinienkerne sind die Ölsaat der Pinien. Sie sind sehr fettreich und werden deshalb schnell ranzig. Man sollte sie nur in kleinen Mengen kaufen.

Pistazien sind die aromatischen Samen des Pistazienbaumes, der hauptsächlich im Mittelmeerraum wächst. Sie sind ausgesprochen reich an den Mineralstoffen Magnesium und Calcium. Beim Kauf sollte man darauf achten, daß man ungesalzene Pistazien erhält.

Reis ist neben Weizen und Mais das wichtigste Getreide. Er enthält wenig Fett und ist leicht verdaulich. Er ist reich an Kalium, Calcium, Phosphor, Magnesium und Eisen sowie Vitaminen der B-Gruppe, Vitamin E und Niacin. Reismehl gibt es in Naturkostläden und Reformhäusern zu kaufen. Wie bei jeder Mehlsorte ist es jedoch besser, ihn vor der Verwendung selbst frisch zu mahlen.

Roggen enthält weniger, jedoch hochwertigeres Eiweiß als Weizen. Außerdem ist er reich an Vitaminen der B-Gruppe sowie den Mineralstoffen Kalium, Calcium, Phosphor und Eisen.

Rosinen sind getrocknete Weinbeeren. Sie sind reich an Natrium, Kalium und Eisen sowie Vitaminen der B-Gruppe und Vitamin C. Im Handel werden unterschieden: Korinthen (nicht geschwefelt), Sultaninen (meist geschwefelt) und Traubenrosinen (ebenfalls meist geschwefelt).

Safran ist ein leicht bitter schmeckendes Gewürz, das die Speisen gelb färbt. Er wird aus einer Pflanze der Familie der Krokusgewächse gewonnen. Die orangeroten Narben dieser Pflanze werden getrocknet, und man kann sie als Fäden oder gemahlen kaufen. Safran ist aufgrund der aufwendigen Ernte das teuerste Gewürz. Man sollte ihn immer trocken, luftdicht und dunkel aufbewahren.

Sanddornsirup hat einen sehr hohen Vitamin-C-Gehalt und kann als alternatives Süßungsmittel verwendet werden.

Sesamsamen sind die stark ölhaltigen Samen des Sesamkrautes, die man geschält und ungeschält kaufen kann. Sesam ist reich an Vitaminen der B-Gruppe, Vitamin E sowie den Mineralstoffen Magnesium, Calcium und Phosphor.

Sojamehl gibt es entfettet und vollfett zu kaufen. Zum Backen eignet sich nur vollfettes Sojamehl, man kann durch Zugabe von Sojamehl auch die Verwendung von ein bis zwei Eiern einsparen.

Sonnenblumenkerne sind die Samen der Sonnenblume, die reichlich essentielles Eiweiß, ungesättigte Fettsäuren, Vitamine der B-Gruppe, Vitamin A und E sowie die Mineralstoffe Phosphor, Eisen und Fluor enthalten. Wie alle ölhaltigen Samen sind sie nur begrenzt haltbar.

Trockenfrüchte sind durch den Wasserentzug beim Trocknen sehr zuckerhaltig. Da sie reichlich Ballaststoffe enthalten, wirken sie günstig auf die Verdauung. Man sollte immer ungeschwefelte Früchte aus biologischem Anbau kaufen, da Schwefeldioxid Vitamin B_1 zerstören kann.

Vanille kann man als Schoten, aus denen man das Mark herauskratzen muß, oder auch gemahlen (Reformhaus oder Naturkostladen) kaufen.

Walnüsse enthalten viel Fett, Eiweiß und Vitamin C. Walnüsse sollte man immer aus biologischem Anbau kaufen. Diese Nüsse sind meist kleiner und haben eine dunklere Schale, da sie nicht künstlich gebleicht wurden.

Weinstein-Backpulver wird im Gegensatz zu normalem Backpulver nicht mit chemischen Produkten, sondern mit natürlicher Weinsteinsäure aus Holzfässern hergestellt. Verwendet wird es wie normales Backpulver.

Weizen ist das wichtigste Brotgetreide, das sich wegen seines hohen Klebereiweißgehaltes am besten zum Backen eignet. Er ist reich an Vitaminen der B-Gruppe, Vitamin A und Niacin sowie den Mineralstoffen Kalium, Calcium, Magnesium, Phosphor und Eisen.

Wildpfeilwurzelmehl ist auch unter der Bezeichnung Arrowroot im Handel und wird aus dem exotischen Pfeilwurz gewonnen. Es ist eine feine, geschmacksneutrale, natürliche Stärke, die wie Speisestärke verwendet wird. In den Rezepten dieses Buches wird sie jedoch nur zur Verzierung der Backwaren anstelle von Puderzucker verwendet.

Zimt ist eines der ältesten Gewürze. Er wird aus der inneren Rinde des Zimtstrauches gewonnen. Es gibt ihn als Stangen oder bereits gemahlen zu kaufen. Zimt ist Bestandteil des fertig gemischten Lebkuchengewürzes.

Zitrusfrüchte werden zur Erzielung längerer Haltbarkeit oft gespritzt oder gewachst. Man sollte deshalb beim Einkauf darauf achten, daß man Früchte erhält, deren Schalen nicht behandelt wurden, denn diese Stoffe lassen sich auch durch Waschen nicht entfernen.

Zuckerrohrgranulat ist getrockneter Pflanzensaft aus Zuckerrohr. Im Vergleich zu Zucker und auch zu Honig enthält er wesentlich mehr Mineralstoffe wie zum Beispiel Magnesium, Kalium, Phosphor und Eisen sowie Eiweiß.

Zuckerrübensirup auch Rübenkraut genannt, wird aus Zuckerrüben gewonnen und ist aufgrund des Mineralstoffgehaltes als alternatives Süßungsmittel geeignet. Er süßt aber nicht so stark wie Honig oder Zuckerrohrgranulat.

Feine Mürbeteig- und Butterplätzchen

Mürbeteigschnitten mit Nußfüllung

Zutaten für etwa 70 Stück
300 g feingemahlener Weizen
75 g feingemahlene Gerste · 150 g Zuckerrohrgranulat
1 Prise Salz · 1 großes Ei · 2 EL Sahnequark
½ TL Zimtpulver · 250 g gekühlte Butter · 2 Eiweiß
400 g feingemahlene Haselnußkerne
Saft von 2 Orangen nach Belieben · 1 EL Orangenlikör
abgeriebene Schale von 2 unbehandelten Orangen
1 Prise Ingwerpulver · Mehl für die Arbeitsfläche
Butter für das Blech · 1 Eigelb · 1–2 EL Milch
2–3 ungeschälte Sesamsamen zum Bestreuen

Beide Mehlsorten mit dem Zuckerrohrgranulat und dem Salz in einer Schüssel mischen. Ei, Quark und Zimtpulver dazugeben. Butter in Flöckchen teilen und ebenfalls in die Schüssel geben. Alles mit dem Knethaken des Handrührgerätes oder den Händen rasch zu einem glatten, geschmeidigen Teig verkneten. Sollte der Teig zu fest sein, noch etwas kaltes Wasser unterarbeiten. Teig zur

Kugel formen und in Folie gewickelt etwa 30 Minuten in den Kühlschrank stellen. Inzwischen Eiweiß mit den Rührbesen des Handrührgerätes zu sehr steifem Schnee schlagen und in den Kühlschrank stellen. Haselnüsse mit Orangensaft, eventuell dem Likör, der Orangenschale und dem Ingwerpulver mischen und beiseite stellen. Den Teig halbieren und auf der bemehlten Arbeitsfläche jeweils zu einer Platte etwa in der Größe des Backbleches ausrollen. Ein Backblech mit Butter bestreichen. Eine Teigplatte darauflegen. Die Haselnußmischung mit einem Schneebesen vorsichtig unter den Eischnee ziehen. Masse auf der Teigplatte verstreichen und mit der zweiten Teigplatte abdecken. Eigelb mit Milch verquirlen und die Oberfläche damit bestreichen. Sesamsamen darüberstreuen. Teigplatte im vorgeheizten Backofen bei 200 °C auf der mittleren Schiene etwa 25 Minuten backen. Platte leicht abkühlen lassen, dann mit einem scharfen Messer in gleich große Schnitten teilen. Schnitten vom Blech heben und auf einem Kuchengitter vollkommen auskühlen lassen.

Korinthenplätzchen

Zutaten für etwa 45 Stück
200 g Korinthen
2–3 EL trockener Weißwein oder ungesüßter Apfelsaft
250 g feingemahlener Weizen · 100 g feingemahlener Reis
1 TL Weinstein-Backpulver · 200 g gekühlte Butter
100 g Zuckerrohrgranulat · 2 kleine Eier · 1 Prise Salz
1 Prise Nelkenpfeffer · Mehl für die Arbeitsfläche
Butter für das Backblech

Korinthen heiß waschen und abtropfen lassen, mit dem Weißwein oder Apfelsaft in einer kleinen Schüssel mischen und zugedeckt etwa 1 Stunde quellen lassen. Dann beide Mehlsorten mit dem Backpulver in einer Schüssel mischen. Butter in kleine Flöckchen teilen und mit Zuckerrohrgranulat, Eiern, Salz und Nelkenpfeffer sowie den Korinthen mit der Einweichflüssigkeit in die Schüssel geben. Alles mit den Knethaken des Handrührgerätes oder den Händen rasch zu einem glatten, geschmeidigen Teig verkneten. Sollte der Teig zu fest sein, noch etwas Wasser unterarbeiten. Teig zur Kugel formen und in Folie gewickelt etwa 30 Minuten in den Kühlschrank stellen. Teig dann noch einmal durchkneten, auf der bemehlten Arbeitsfläche etwa ½ cm dick ausrollen und runde oder eckige Plätzchen ausstechen. Ein Backblech mit Butter ausstreichen. Die Plätzchen darauflegen und im vorgeheizten Backofen auf der mittleren Schiene bei 200 °C etwa 10 Minuten backen, bis sie schön gebräunt sind. Plätzchen sofort vom Blech lösen und auf einem Kuchengitter auskühlen lassen.

Nußschnitten Linzer Art

Zutaten für etwa 40 Stück

150 g feingemahlener Weizen

300 g feingemahlene Haselnußkerne

150 g Zuckerrohrgranulat · 200 g gekühlte Butter

2 kleine Eier · 1 Prise Salz

1 TL gemahlene Vanille · 1 TL Zimtpulver

abgeriebene Schale von 1 unbehandelten Orange · 50 g Mandeln

125 g ungesüßte Marmelade (Naturkostladen oder Reformhaus)

Mehl für die Arbeitsfläche · 2 EL Orangensaft

Weizenmehl mit Nüssen und Zuckerrohrgranulat in einer Schüssel mischen. Butter in Flöckchen teilen und mit den Eiern, dem Salz, der Vanille, dem Zimt und der Orangenschale in die Schüssel geben. Alles mit den Knethaken des Handrührgerätes oder den Händen rasch zu einem glatten Teig verkneten. Teig zur Kugel formen und in Folie gewickelt etwa 1 Stunde in den Kühlschrank stellen. Inzwischen Mandeln mit kochendheißem Wasser überbrühen, kurz darin ziehen lassen, kalt abschrecken und die Häute abziehen. Mandeln mit einem Küchentuch abtrocknen und mit einem scharfen Messer in dünne Stifte schneiden. Mandelstifte mit der Marmelade verrühren und beiseite stellen. Teig noch einmal durchkneten, dann etwa zwei Drittel davon auf einem ungefetteten Backblech (es wird nicht ganz mit dem Teig bedeckt) dünn ausrollen. Die Marmelade darauf verstreichen. Restlichen Teig auf der bemehlten Arbeitsfläche dünn ausrollen und in schmale Streifen schneiden. Streifen gitterförmig auf der Marmelade verteilen. Nußschnitten im vorgeheizten Backofen bei 180 °C auf der mittleren Schiene etwa 30 Minuten backen. Den noch heißen Teig mit dem Orangensaft bestreichen und in Stücke schneiden.
Schnitten vom Blech lösen und auf einem Kuchengitter auskühlen lassen.

Rumplätzchen mit Kürbiskernen

Zutaten für etwa 80 Stück

250 g feingemahlener Weizen

100 g ungeschälte feingemahlene Mandeln

2 EL Carobenpulver · 50 g Zuckerrohrgranulat

1 Prise Salz · 200 g gekühlte Butter

2 EL weißer Rum (ersatzweise Zitronensaft)

Mehl für die Arbeitsfläche

80 g Kürbiskerne · 2 Eigelb

Weizenmehl mit Mandeln, Carobenpulver, Zuckerrohrgranulat und Salz in einer Schüssel mischen. Butter in Flöckchen teilen und mit dem Rum in die Schüssel geben. Alles mit den Knethaken des Handrührgerätes oder den Händen rasch zu einem glatten, geschmeidigen Teig verkneten. Sollte der Teig zu fest sein, noch etwas Wasser unterarbeiten. Teig zu einer Kugel formen und in Folie gewickelt etwa 1 Stunde in den Kühlschrank stellen. Teig dann noch einmal durchkneten und auf der bemehlten Arbeitsfläche etwa messerrückendick ausrollen. Teig zu beliebigen Formen ausstechen und die Plätzchen auf ein ungefettetes Backblech legen. Kürbiskerne mit einem großen schweren Messer fein hakken. Mit dem Eigelb verquirlen und die Plätzchen damit bestreichen. Plätzchen im vorgeheizten Backofen bei 200 °C auf der mittleren Schiene etwa 10 Minuten backen. Sofort vom Blech lösen und auf einem Kuchengitter auskühlen lassen.

Flockenplätzchen

Zutaten für etwa 80 Stück

100 g getrocknete ungeschwefelte Aprikosen

150 g Butter · 100 g Zuckerrübensirup

300 g Weizenvollkornflocken · ca. 1 TL Zimtpulver

Butter für das Backblech

Aprikosen in winzige Würfel schneiden. Butter mit Zuckerrübensirup in einen Topf geben und unter Rühren erhitzen. Aprikosen, Vollkornflocken und Zimtpulver untermischen. Ein Backblech zur Hälfte mit Alufolie auslegen und mit Butter bepinseln. Die Folie an der offenen Seite hochfalten, damit der Teig nicht ausfließen kann. Teig darauf verteilen und im vorgeheizten Backofen auf der mittleren Schiene bei 180 °C etwa 25 Minuten backen, bis die Masse fest ist. Teigplatte mit einem scharfen Messer in schmale Streifen schneiden und auf dem Backblech etwas auskühlen lassen. Dann herunternehmen und auf einem Kuchengitter auskühlen lassen.

Feine Butterkugeln

Zutaten für etwa 75 Stück

300 g Butter · 100 g Zuckerrohrgranulat · 1 Prise Salz

abgeriebene Schale von 1 unbehandelten Zitrone

2 große Eier · 350 g feingemahlener Weizen

100 g feingemahlener Hafer

2 TL Weinstein-Backpulver

Butter mit Zuckerrohrgranulat, Salz und Zitronenschale mit dem Rührbesen des Handrührgerätes sehr schaumig schlagen. Eier

v. o. n. u.: *Honigschnitten, Spritzgebäck mit Soja, Zimttaler*
(Rezepte S. 97, 34, 81)

o.l.: *Kokosnußmakronen;* o.r. und u.: *Gemischte Nußmakronen*
(Rezepte S. 62, 49)

einzeln unterrühren. Beide Mehlsorten mit dem Backpulver mischen und unterkneten. Teig zur Kugel formen und in Folie gewickelt etwa 1 Stunde in den Kühlschrank stellen. Teig dann noch einmal durchkneten und kleine Kugeln formen. Diese auf ein ungefettetes Backblech setzen und im vorgeheizten Backofen bei 200 °C auf der mittleren Schiene etwa 15 Minuten backen, bis sie leicht gebräunt sind. Kugeln sofort vom Backblech lösen und auskühlen lassen.

Walnußkringel

Zutaten für etwa 60 Stück

125 g Butter · 70 g Ahornsirup · 1 TL gemahlene Vanille

3 Eier · 120 g feingemahlene Walnußkerne

250 g feingemahlener Weizen · 1½ TL Weinstein-Backpulver

abgeriebene Schale von ½ unbehandelten Orange

je 1 Prise Ingwerpulver und Nelkenpfeffer

Butter für das Blech

Butter mit Ahornsirup und Vanille mit dem Rührbesen des Handrührgerätes sehr schaumig schlagen. Eier nacheinander unterrühren. Walnüsse mit Weizenmehl, Backpulver, Orangenschale, Ingwerpulver und Nelkenpfeffer mischen und eßlöffelweise unter den Teig mischen. Den halbfesten Teig in einen Spritzbeutel mit Sterntülle geben. Ein Backblech mit reichlich Butter ausstreichen. Kringel von etwa 6 cm Durchmesser auf das Blech spritzen. Im vorgeheizten Backofen bei 180 °C auf der mittleren Schiene etwa 10 Minuten backen, bis sie leicht gebräunt sind. Sofort vom Blech lösen und auf einem Kuchengitter auskühlen lassen.

Spritzgebäck mit Soja

(Foto Seite 32)

Zutaten für etwa 80 Stück

150 g weiche Butter · 75 g Zuckerrohrgranulat
1–2 TL gemahlene Vanille · 1 Prise Ingwerpulver
abgeriebene Schale von 1 unbehandelten Zitrone · 2 große Eier
75 g vollfettes Sojamehl · 300 g feingemahlener Weizen
2–3 EL Milch · Butter für das Blech
50 g Honigschokolade (Reformhaus oder Naturkostladen)

Butter mit Zuckerrohrgranulat, Vanille, Ingwerpulver und Zitronenschale mit dem Rührbesen des Handrührgerätes sehr schaumig schlagen. Eier einzeln unterrühren. Beide Mehlsorten mischen und mit der Milch gründlich unter den Teig arbeiten. Teig zugedeckt etwa 30 Minuten in den Kühlschrank stellen. Ein Backblech mit Butter auspinseln. Teig in einen Spritzbeutel mit Sterntülle füllen und kleine Stangen auf das Backblech spritzen. Teig noch einmal 30 Minuten kalt stellen. Spritzgebäck dann im vorgeheizten Backofen bei 200 °C auf der mittleren Schiene etwa 10 Minuten backen, bis es leicht gebräunt ist. Plätzchen sofort vom Blech lösen und auskühlen lassen. Dann die Schokolade in kleine Stücke brechen und in einer Tasse im heißen Wasserbad schmelzen lassen. Spritzgebäck mit einer Ecke hineintauchen und die Glasur auf einem Kuchengitter fest werden lassen.

Anmerkung: Wenn Sie nicht so gerne Schokolade mögen, nehmen Sie statt dessen Johannisbeergelee. Das Gelee durch ein Sieb streichen und mit so viel Johannisbeersaft verrühren, daß eine dickflüssige Masse entsteht. Mandelblättchen hacken und untermischen. Das Spritzgebäck in diese Mischung tauchen.

Cashewnuß-Törtchen

Zutaten für etwa 60 Stück

250 g feingemahlener Weizen

1 Msp Weinstein-Backpulver · 1 Prise Salz

125 g gekühlte Butter · 50 g Zuckerrohrgranulat

2 Eigelb · 1 EL Rum oder Zitronensaft

abgeriebene Schale von ½ unbehandelten Zitrone

Mehl für die Arbeitsfläche · 100 g flüssiger heller Honig

½ TL Zimtpulver

150 g sehr fein gehackte Cashewnußkerne

nach Belieben etwas Wildpfeilwurzelmehl zum Bestäuben

Weizenmehl mit Backpulver und Salz in einer Schüssel mischen. Butter in Flöckchen teilen und mit Zuckerrohrgranulat, Eigelb, Rum oder Zitronensaft in die Schüssel geben. Alles mit den Knethaken des Handrührgerätes oder den Händen schnell zu einem glatten, geschmeidigen Teig verkneten. Sollte er zu fest sein, noch etwas Wasser unterarbeiten. Teig in Folie wickeln und etwa 30 Minuten in den Kühlschrank stellen. Teig dann auf der bemehlten Arbeitsfläche etwa messerrückendick ausrollen und runde Plätzchen von etwa 4 cm Durchmesser ausstechen. Plätzchen auf ein ungefettetes Backblech geben und im vorgeheizten Backofen auf der mittleren Schiene bei 200 °C etwa 10 Minuten backen, bis sie leicht gebräunt sind. Plätzchen sofort vom Blech lösen und leicht abkühlen lassen. Honig mit Zimtpulver und Cashewnüssen zu einer glatten Paste verrühren. Die Hälfte der Plätzchen mit der Nußmasse bestreichen und die restlichen Plätzchen daraufsetzen. Die Plätzchen nach Wunsch mit etwas Wildpfeilwurzelmehl bestäuben.

Knusprige Fruchtplätzchen

Zutaten für etwa 45 Stück

100 g getrocknete ungeschwefelte Aprikosen oder Pfirsiche

100 g Korinthen · 1/8 l lauwarmes Wasser · 50 g Mandeln

100 g Butter · 1 Prise geriebene Muskatnuß

1/2 TL Zimtpulver · 60 g Zuckerrohrgranulat · 1 großes Ei

1 großes Eigelb · 250 g feingemahlener Weizen

1 TL Backpulver · evtl. etwas Milch · Butter für das Blech

ca. 45 Kürbiskerne zum Verzieren

Aprikosen oder Pfirsiche in kleine Würfel schneiden und in einer kleinen Schüssel mit den Korinthen und dem Wasser mischen. Trockenfrüchte zugedeckt etwa 2 Stunden ziehen lassen. Inzwischen Mandeln mit kochendheißem Wasser überbrühen, kurz darin ziehen lassen, kalt abschrecken und die Häute abziehen. Mandeln abtrocknen und mit einem großen schweren Messer grob hacken. Dann unter die Trockenfrüchte mischen. Butter mit Muskat, Zimt und Zuckerrohrgranulat mit den Rührbesen des Handrührgerätes so lange schaumig rühren, bis sich das Granulat gelöst hat. Ei und Eigelb sowie die Früchte mit dem Einweichwasser unterrühren. Weizenmehl mit dem Backpulver mischen und unter den Teig mischen. Der Teig muß schwer reißend vom Löffel fallen. Sollte er zu fest sein, noch etwas Milch untermischen. Ein Backblech mit etwas Butter ausstreichen. Mit zwei Teelöffeln kleine Teighäufchen in genügend großem Abstand auf das Blech setzen. Die Plätzchen mit je einem Kürbiskern verzieren und im vorgeheizten Backofen bei 200°C auf der mittleren Schiene etwa 15 Minuten backen, bis sie schön gebräunt sind. Die Plätzchen sofort vom Blech lösen und auf einem Kuchengitter auskühlen lassen.

Erdnußplätzchen

Zutaten für etwa 40 Stück

75 g ungeschälte Sesamsamen · 150 g Butter

50 g Erdnußmus (Reformhaus oder Naturkostladen)

je 1 Prise geriebene Muskatnuß und gemahlene Vanille

100 g Zuckerrohrgranulat · 1 großes Ei

125 g feingemahlener Weizen · 1 TL Weinstein-Backpulver

1 Eigelb · 1–2 EL Milch · Butter für das Blech

Sesamsamen in einer trockenen Pfanne unter ständigem Rühren rösten, bis sie würzig duften und leicht gebräunt sind. Dann auf einem Teller abkühlen lassen. Butter und das Erdnußmus mit den Rührbesen des Handrührgerätes schaumig schlagen. Nach und nach Muskat, Vanille und Zuckerrohrgranulat untermischen und so lange weiterrühren, bis sich das Zuckerrohrgranulat aufgelöst hat. Ei dazufügen. Mehl und Backpulver mischen und mit der Hälfte der Sesamsamen unter den Butterteig mischen. Ein Backblech mit etwas Butter ausstreichen. Mit zwei Teelöffeln kleine Teighäufchen in genügend großem Abstand auf das Backblech setzen. Eigelb mit der Milch verquirlen, die Plätzchen damit bestreichen und die restlichen Sesamsamen daraufstreuen. Plätzchen im vorgeheizten Backofen bei 180 °C etwa 20 Minuten backen, bis sie schön gebräunt sind. Sofort vom Blech lösen und auskühlen lassen.

Nußecken

Zutaten für etwa 25 Stück
350 g feingemahlener Weizen · 150 g feingemahlener Roggen
250 g Butter · 125 g Zuckerrohrgranulat
1 TL Zimtpulver · 1 Prise Salz · 2 große Eier
¼ l süße Sahne · 100 g flüssiger Honig · 100 g Butter
abgeriebene Schale von ½ unbehandelten Zitrone
300 g blättrig geschnittene geschälte Mandeln
½ Tafel Honigschokolade (Reformhaus oder Naturkostladen)

Beide Mehlsorten in einer Schüssel mischen. Butter in Flöckchen teilen und mit dem Zuckerrohrgranulat, dem Zimtpulver, dem Salz und den Eiern in die Schüssel geben. Alles mit den Knethaken des Handrührgerätes oder den Händen rasch zu einem glatten, geschmeidigen Teig verkneten, dabei gegebenenfalls noch etwas kaltes Wasser zufügen. Teig zugedeckt etwa 30 Minuten in den Kühlschrank stellen. Dann auf einem ungefetteten Backblech etwa ½ cm dick ausrollen. Teigplatte im vorgeheizten Backofen auf der mittleren Schiene bei 220 °C etwa 20 Minuten backen. Inzwischen für den Belag die Sahne mit dem Honig und der Butter erhitzen und unter ständigem Rühren etwa 10 Minuten köcheln lassen. Zitronenschale und Mandeln untermischen. Teigplatte aus dem Ofen nehmen und sofort mit der Mandelmasse bestreichen. Die Teigplatte auf dem Blech auskühlen lassen, dann mit einem scharfen Messer zuerst in Quadrate, dann diagonal in Dreiecke schneiden. Die Schokolade in kleine Stücke brechen und in einer Tasse im heißen Wasserbad schmelzen lassen. Die Nußschnitten mit den Ecken in die Schokolade tauchen und diesen Guß auf einem Kuchengitter trocknen lassen.

Spitzbuben mit Buchweizen

Zutaten für etwa 40 Stück

250 g feingemahlener Weizen · 150 g feingemahlener Buchweizen

250 g Butter · 150 g Zuckerrohrgranulat

125 g ungeschälte gemahlene Mandeln · 1 Ei · 1–2 EL Milch

abgeriebene Schale von 1 unbehandelten Zitrone

Mehl für die Arbeitsfläche · Butter für das Blech

etwa 200 g rote Marmelade ohne Zuckerzusatz (Naturkostladen oder Reformhaus)

etwas Wildpfeilwurzelmehl zum Bestäuben

Weizen mit Buchweizen in einer Schüssel mischen. Butter in Flöckchen teilen und mit dem Zuckerrohrgranulat, den Mandeln, dem Ei, der Milch und der Zitronenschale in die Schüsel geben. Alles mit den Knethaken des Handrührgerätes oder den Händen schnell zu einem glatten Teig verkneten. Sollte der Teig zu trocken sein, noch etwas Milch unterkneten. Teig zur Kugel formen, in Folie wickeln und etwa 1 Stunde im Kühlschrank ruhen lassen. Teig dann auf einer bemehlten Arbeitsfläche etwa messerrückendick ausrollen und runde Plätzchen ausstechen. Ein Backblech mit etwas Butter ausstreichen. Die Plätzchen daraufgeben und im vorgeheizten Backofen bei 180 °C auf der mittleren Schiene etwa 15 Minuten backen, bis sie schön gebräunt sind. Sofort vom Blech lösen. Die Hälfte der Taler mit der glattgerührten Marmelade bestreichen und jeweils ein weiteres Plätzchen daraufsetzen. Spitzbuben mit etwas Wildpfeilwurzelmehl bestäuben und auskühlen lassen.

Nußplätzchen

Zutaten für etwa 50 Stück

200 g feingemahlener Weizen

60 g Zuckerrohrgranulat · 100 g kalte Butter

abgeriebene Schale von ½ unbehandelten Orange

1 Prise Salz · 1 großes Ei · 2 Eiweiß · 1 TL Orangensaft

50 g Zuckerrohrgranulat · 1 Prise Zimtpulver

150 g feingemahlene Haselnüsse · Mehl für die Arbeitsfläche

etwa 50 geschälte Haselnußkerne zum Verzieren

Butter für das Blech

Weizenmehl und Zuckerrohrgranulat in einer Schüssel mischen. Butter in Flöckchen teilen und mit Orangenschale, Salz und Ei sowie 1–2 EL eiskaltem Wasser in die Schüssel geben. Alles mit den Knethaken des Handrührgerätes oder mit den Händen zu einem glatten Teig verkneten. Teig zu einer Kugel formen und in Folie gewickelt etwa 30 Minuten in den Kühlschrank stellen. Inzwischen für die Nußfüllung Eiweiß und Orangensaft mit den Rührbesen des Handrührgerätes zu sehr steifem Schnee schlagen. Dabei nach und nach das Zuckerrohrgranulat und das Zimtpulver einrieseln lassen. Haselnüsse mit einem Schneebesen untermischen. Mürbeteig auf einer bemehlten Arbeitsfläche etwa messerrückendick ausrollen und runde Plätzchen ausstechen. Diese jeweils mit etwas Füllung belegen und die Ränder nach oben zusammenklappen. Plätzchen mit je einer Haselnuß verzieren. Ein Backblech einfetten und die Plätzchen darauf im vorgeheizten Backofen auf der mittleren Schiene bei 180 °C etwa 20 Minuten backen, bis sie goldbraun sind. Sofort vom Blech lösen und auskühlen lassen.

Apfelplätzchen

Zutaten für etwa 50 Stück
350 g feingemahlener Weizen
½ TL Weinstein-Backpulver · 1 Prise Salz
200 g weiche Butter · 80 g Zuckerrohrgranulat
Mehl für die Arbeitsfläche · Butter und Mehl für das Blech
200 g Apfelgelee ohne Zuckerzusatz (Naturkostladen oder Reformhaus)
2 EL grobgehackte geschälte Mandeln
2 EL Kokosraspel (möglichst frisch geraspelt)
1 Eigelb · 1–2 EL Milch

Weizenmehl mit Backpulver und Salz in einer Schüssel mischen. Butter in kleine Stückchen teilen und mit dem Zuckerrohrgranulat und 2–3 EL eiskaltem Wasser zum Mehl geben. Alles mit kühlen Händen schnell zu einem glatten Teig verkneten. Teig in Folie wickeln und etwa 1 Stunde in den Kühlschrank stellen. Dann noch einmal durchkneten. Sollte der Teig zu trocken sein, noch etwas Wasser unterarbeiten. Den Teig in kleine Stücke teilen und diese jeweils auf etwas Mehl dünn ausrollen. Sternchen ausstechen. Wenn der gesamte Teig ausgestochen ist, ein Backblech mit Butter auspinseln und mit etwas Mehl bestäuben. Das Gelee mit den Mandeln und den Kokosraspeln glattrühren. Die eine Hälfte der Teigsternchen auf das Blech legen. Jeweils etwas von der Apfelfüllung daraufgeben und mit einem zweiten Sternchen abdecken. Die Teigränder etwas zusammendrücken. Eigelb mit Milch verquirlen und die Sternchen damit bestreichen. Plätzchen im vorgeheizten Backofen auf der mittleren Schiene bei 180 °C etwa 15 Minuten backen, bis sie schön gebräunt sind. Sofort vom Blech lösen und auf einem Teller möglichst nebeneinander auskühlen lassen.

Hirse-Zitronenplätzchen

Zutaten für etwa 60 Stück
150 g Butter · 1 Eigelb · 70 g Ahornsirup
150 g feingemahlener Weizen · 150 g feingemahlene Hirse
abgeriebene Schale von 1½ unbehandelten Zitronen
Butter für das Blech
1 Eigelb und 1–2 EL Milch zum Bestreichen
60 Mandelhälften zum Verzieren

Butter mit dem Eigelb und dem Ahornsirup mit den Rührbesen des Handrührgerätes sehr schaumig rühren. Beide Mehlsorten mit der Zitronenschale unterkneten. Teig zu einer Rolle formen, in Folie wickeln und etwa 1 Stunde in den Kühlschrank legen. Dann ein Backblech mit etwas Butter bepinseln. Von der Teigrolle dünne Scheiben abschneiden und diese auf das Backblech legen. Eigelb mit der Milch verquirlen und die Plätzchen damit bestreichen. Mit je einer Mandelhälfte belegen und im vorgeheizten Backofen bei 180°C etwa 20 Minuten backen, bis sie leicht gebräunt sind. Plätzchen vom Blech lösen und auf einem Teller auskühlen lassen.

Anmerkung: Durch das Hirsemehl haben diese Plätzchen einen leicht bitteren Nachgeschmack, den jedoch nicht jeder merkt. Wer diesbezüglich empfindliche Geschmacksnerven hat, kann die Zitronenplätzchen auch nur mit Weizenvollkornmehl zubereiten.

Roggen-Carobenplätzchen

Zutaten für etwa 40 Stück

150 g weiche Butter · 1 Eigelb · 50 g Ahornsirup
200 g feingemahlener Roggen · 1 gehäufter EL Carobenpulver
50 g feingemahlene Mandeln · 20 ganze Mandeln
Butter und Mehl für das Blech

Butter mit Eigelb und Ahornsirup mit den Rührbesen des Handrührgerätes sehr schaumig schlagen. Roggenmehl, Carobenpulver und gemahlene Mandeln unterkneten. Teig in Folie wickeln und etwa 1 Stunde in den Kühlschrank stellen. Inzwischen die Mandeln mit kochendheißem Wasser überbrühen, kurz darin ziehen lassen, kalt abschrecken und die Häute abziehen. Mandeln mit einem Tuch abtrocknen und längs halbieren. Ein Backblech mit Butter auspinseln und mit wenig Mehl bestäuben. Aus dem Teig etwa walnußgroße Kugeln formen, diese auf das Blech legen, etwas flachdrücken und mit je einer Mandelhälfte verzieren. Die Mandeln etwas andrücken und die Plätzchen im vorgeheizten Backofen bei 180 °C auf der unteren Schiene etwa 25 Minuten backen. Sofort vom Blech lösen und auf einem Teller auskühlen lassen.

Agnesenplätzchen

Zutaten für etwa 50 Stück
300 g feingemahlener Weizen · 100 g feingemahlener Hafer
270 g Butter · 100 g Zuckerrohrgranulat · 1 Ei
1–2 EL Milch · 1 Prise Salz · 2 TL gemahlene Vanille
abgeriebene Schale von 1 unbehandelten Zitrone
Mehl für die Arbeitsfläche   Butter für das Blech
etwa 150 g rote Marmelade oder Zuckerzusatz (Naturkostladen oder Reformhaus)
evtl. 1 EL Orangensaft oder Rum
etwas Wildpfeilwurzelmehl zum Bestäuben

Beide Mehlsorten in einer Schüssel mischen. Butter in Flöckchen teilen und mit dem Zuckerrohrgranulat, dem Ei, der Milch, Salz, Vanille und Zitronenschale in die Schüssel geben. Alles mit den Knethaken des Handrührgerätes oder den Händen rasch zu einem glatten, geschmeidigen Teig verkneten. Sollte der Teig zu fest sein, noch etwas Milch unterkneten. Teig zur Kugel formen und in Folie gewickelt etwa 1 Stunde in den Kühlschrank stellen. Teig dann auf einer bemehlten Arbeitsfläche etwa messerrückendick ausrollen und runde Plätzchen ausstechen. Aus der Hälfte der Plätzchen mit einem Messer oder einem kleineren Ausstechförmchen in der Mitte einen kleinen Kreis ausschneiden. Ein Backblech mit etwas Butter ausstreichen und die Plätzchen darauf im vorgeheizten Backofen bei 180 °C etwa 15 Minuten backen, bis sie leicht gebräunt sind. Plätzchen sofort vom Blech lösen. Marmelade gegebenenfalls (wenn sie zu fest ist) mit dem Orangensaft oder Rum verrühren und auf die Plätzchen ohne Loch streichen. Die anderen Plätzchen daraufsetzen, mit etwas Wildpfeilwurzelmehl bestäuben und auskühlen lassen.

Vanillekipferl mit Gerste

Zutaten für etwa 55 Stück
210 g Butter · 70 g Zuckerrohrgranulat
100 g ungeschälte gemahlene Mandeln
150 g feingemahlener Weizen · 100 g feingemahlene Gerste
1 Prise Meersalz · 1–2 TL gemahlene Vanille
etwas Öl oder Butter für das Blech
Zuckerrohrgranulat und gemahlene Vanille zum Wälzen

Butter mit dem Zuckerrohrgranulat schaumig rühren, bis sich das Granulat aufgelöst hat. Mandeln, Weizen- und Gerstenmehl, Salz und Vanille zugeben und alles mit kühlen Händen zu einem glatten Teig verkneten. Teig zugedeckt mindestens 30 Minuten in den Kühlschrank stellen. Dann aus dem Teig kleine Hörnchen formen und diese auf einem gefetteten Backblech im vorgeheizten Backofen auf der mittleren Schiene bei 180 °C etwa 25 Minuten backen, bis sie leicht gebräunt sind. Inzwischen Zuckerrohrgranulat und Vanille auf einem Teller mischen. Die Kipferl noch heiß vom Blech lösen und in der Granulatmischung wälzen.

Heidesand

Zutaten für etwa 80 Stück

250 g Butter · 100 g Zuckerrohrgranulat

2 TL gemahlene Vanille · 3–4 EL Milch

375 g feingemahlener Weizen

1 TL Weinstein-Backpulver

Butter in einem Topf bei schwacher Hitze schmelzen und dabei leicht bräunen lassen. Butter wieder abkühlen lassen, dann mit dem Zuckerrohrgranulat, der Vanille und der Milch so lange rühren, bis die Masse schaumig ist. Mehl mit Backpulver mischen und eßlöffelweise erst unterrühren, dann unterkneten. Sollte der Teig zu fest sein, noch etwas Milch unterarbeiten. Aus dem Teig zwei Rollen formen, diese in Folie wickeln und etwa 1 Stunde im Kühlschrank ruhen und hart werden lassen. Rollen dann mit einem scharfen Messer in etwa ½ cm dicke Scheiben schneiden und auf einem ungefetteten Backblech im vorgeheizten Backofen bei 180 °C auf der mittleren Schiene etwa 20 Minuten backen, bis sie leicht gebräunt sind. Sofort vom Blech lösen und auskühlen lassen.

Schwarz-Weiß-Gebäck

Zutaten für etwa 140 Stück
200 g Butter · 130 g Zuckerrohrgranulat
1 TL gemahlene Vanille · 400 g feingemahlener Weizen
100 g feingemahlener Reis · 2 kleine Eier · 2 Eigelb
2 EL saure Sahne · 2 EL Caroben · Fett für das Blech

Butter mit dem Zuckerrohrgranulat und der Vanille schaumig schlagen, bis sich das Granulat aufgelöst hat. Weizen- und Reismehl, Eier, Eigelb und saure Sahne dazugeben und alles mit kühlen Händen zu einem glatten Teig verkneten. Teig in zwei Hälften teilen. Eine Hälfte mit dem Caroben dunkel färben. Teige zugedeckt etwa 1 Stunde in den Kühlschrank stellen. Dann jede Hälfte zu einem rechteckigen Strang formen und diesen jeweils der Länge nach in vier Teile schneiden. Jeweils zwei helle und dunkle Teigstränge schachbrettartig zusammensetzen und die Schnittflächen vorsichtig, aber gründlich zusammendrücken. Von jedem Strang nun mit einem in kaltes Wasser getauchten Messer dünne Scheiben abschneiden. Die Scheiben etwas in Form drükken und auf einem gefetteten Backblech im vorgeheizten Backofen bei 180 °C auf der mittleren Schiene etwa 15–20 Minuten backen, bis die Plätzchen leicht gebräunt sind. Sofort vom Blech lösen und auskühlen lassen.

Anmerkung: Die Bezeichnung Schwarz-Weiß-Gebäck ist für die Plätzchen aus Vollkornmehl nicht mehr ganz zutreffend, da der Farbkontrast natürlich nicht mehr so groß ist wie bei den Plätzchen aus weißem Mehl und Kakaopulver.
Sie können die beiden Teige auch auf wenig Mehl dünn ausrollen, jeweils zwei verschiedene Teigplatten aufeinanderlegen, der Länge nach aufrollen und diese in Scheiben schneiden. So erhalten Sie ein Schneckenmuster.

Haferplätzchen mit getrockneten Äpfeln

Zutaten für etwa 50 Stück
50 g getrocknete ungeschwefelte Äpfel · 1–2 EL Zitronensaft
1 EL Cognac (ersatzweise Apfelsaft)
150 g feingemahlener Weizen · 100 g feingemahlener Hafer
1 TL Zimtpulver · 100 g Butter · 1 Ei
2 EL flüssiger Honig · Fett für das Blech

Die Äpfel in kleine Würfel schneiden. Mit dem Zitronensaft und dem Cognac in einem Schälchen mischen und zugedeckt etwa 30 Minuten ziehen lassen. Dann Weizen- und Hafermehl mit dem Zimtpulver in einer Schüssel mischen. Butter in kleine Stücke schneiden und mit Ei, Honig und den eingeweichten Äpfeln zum Mehl geben. Alles mit kühlen Händen zu einem glatten Teig verkneten. Diesen zugedeckt etwa 1 Stunde in den Kühlschrank stellen. Teig zu einer Rolle formen und mit einem in kaltes Wasser getauchten Messer dünne Scheiben abschneiden. Diese auf ein gefettetes Backblech legen und im vorgeheizten Backofen bei 180 °C auf der mittleren Schiene etwa 25 Minuten backen, bis sie leicht gebräunt sind. Plätzchen sofort vom Blech lösen und auskühlen lassen.

Haferflockenmakronen mit Feigen (Rezept S. 51)

Orangenmakronen (Rezept S. 52)

Makronen und Eiweißgebäck

Gemischte Nußmakronen

(Foto Seite 33)

Zutaten für etwa 50 Stück
4 Eiweiß · 1 Prise Salz
100 g Zuckerrohrgranulat · 1 TL Zimtpulver
abgeriebene Schale von ½ unbehandelten Orange
je 100 g feingemahlene ungeschälte Mandeln und Haselnüsse
je 100 g feingehackte ungesalzene Pistazien und Sonnenblumenkerne
Butter für das Blech
etwa 50 Kürbiskerne oder geschälte Mandeln zum Verzieren

Eiweiß mit Salz mit den Rührbesen des Handrührgerätes zu sehr steifem Schnee schlagen. Dabei nach und nach das Zuckerrohrgranulat, Zimtpulver und Orangenschale einrieseln lassen. Nüsse mit einem Schneebesen vorsichtig unter den Eischnee ziehen. Ein Backblech gut mit Butter ausstreichen. Mit zwei Teelöffeln kleine Häufchen von der Makronenmasse abstechen und auf das Backblech setzen. Makronen mit je einem Kürbiskern verzieren und im vorgeheizten Backofen bei 180 °C auf der mittleren Schiene etwa 25 Minuten backen, bis sie schön gebräunt sind. Dann sofort vom Blech lösen und auf einem Kuchengitter nebeneinander auskühlen lassen.

Pistazienmakronen mit Birnen

Zutaten für etwa 40 Stück
150 g getrocknete ungeschwefelte Birnen
2–3 EL Birnengeist oder ungesüßter Birnensaft
100 g ungesalzene Pistazienkerne · 3 Eiweiß
1 Prise Salz · 80 g Zuckerrohrgranulat
½ TL gemahlene Vanille · Butter für das Blech

Birnen in sehr kleine Würfel schneiden und mit dem Birnengeist oder -saft in einer Schüssel mischen. Dann zugedeckt etwa 1 Stunde quellen lassen. Pistazien mit einem großen schweren Messer fein hacken. Eiweiß mit Salz mit den Rührbesen des Handrührgerätes zu sehr steifem Schnee schlagen, dabei nach und nach das Zuckerrohrgranulat und die Vanille einrieseln lassen. Birnen und Pistazien mit einem Schneebesen vorsichtig unterziehen. Ein Backblech gut mit Butter ausstreichen. Mit zwei Teelöffeln von der Makronenmasse kleine Häufchen abstechen und auf das Backblech setzen. Makronen im vorgeheizten Backofen bei 180 °C auf der mittleren Schiene etwa 20 Minuten backen, bis sie leicht gebräunt sind. Dann sofort vom Blech lösen und auf einem Kuchengitter nebeneinander auskühlen lassen.

Anmerkung: Einen Teil der Nüsse können Sie durch Carabtafel ersetzen und die Plätzchen mit Carabtafel und Haselnüssen verzieren.

Haferflockenmakronen mit Feigen

(Foto Seite 48)

Zutaten für etwa 60 Stück
100 g getrocknete ungeschwefelte Feigen
2–3 EL Rum oder Orangensaft · 200 g Hafervollkornflocken
50 g Mandelblättchen · 4 Eiweiß · 1 Prise Salz
1 EL Zitronensaft · 100 g Zuckerrohrgranulat
1 TL gemahlene Vanille · 60 g Mandeln
Butter für das Blech

Feigen sehr klein würfeln und mit dem Rum oder Orangensaft mischen. Hafervollkornflocken und Mandelblättchen in einer Pfanne ohne Fettzugabe bei mittlerer Hitze unter ständigem Rühren goldbraun anrösten und wieder abkühlen lassen. Eiweiß mit Salz und Zitronensaft mit den Rührbesen des Handrührgerätes zu sehr steifem Schnee schlagen, dabei nach und nach das Zukkerrohrgranulat und die Vanille einrieseln lassen. Feigen mit Haferflocken und Mandeln mischen und mit einem Schneebesen vorsichtig unter den Eischnee heben. Ein Backblech mit etwas Butter ausstreichen. Mit zwei Teelöffeln von der Makronenmasse kleine Häufchen abstechen und auf das Backblech setzen. Mit je einer Mandel belegen. Makronen im vorgeheizten Backofen auf der mittleren Schiene bei 180 °C etwa 20 Minuten backen, bis sie schön gebräunt sind. Sofort vom Blech lösen und auf einem Kuchengitter nebeneinander auskühlen lassen.

Anmerkung: Als zusätzliche Verzierung können Sie die Plätzchen in geschmolzene Honigschokolade tauchen.

Orangenmakronen

(Foto Seite 49)

Zutaten für etwa 50 Stück
200 g Mandeln · 5 g bittere Mandeln · 4 Eiweiß
1 Prise Salz · 2 TL Orangenlikör oder -saft
100 g Zuckerrohrgranulat · 2 TL gemahlene Vanille
abgeriebene Schale von 3 unbehandelten Orangen und ½ unbehandelten Zitrone
½ TL Zimtpulver · Butter für das Blech
½ Tafel Honigschokolade (Reformhaus)

Mandeln und bittere Mandeln mit kochendheißem Wasser überbrühen, kurz darin ziehen lassen, kalt abschrecken und die Häute abziehen. Mandeln mit einem Küchentuch gründlich abtrocknen, dann in der Mandelmühle fein reiben. Eiweiß mit dem Salz und dem Orangenlikör oder -saft mit den Rührbesen des Handrührgerätes zu sehr steifem Schnee schlagen, dabei nach und nach das Zuckerrohrgranulat, die Vanille, die Orangen- und Zitronenschale sowie das Zimtpulver einrieseln lassen. Die Mandeln darüberstreuen und mit einem Schneebesen vorsichtig unterheben. Ein Backblech gründlich mit Butter ausstreichen. Von der Makronenmasse mit zwei Teelöffeln kleine Häufchen abnehmen und auf das Backblech setzen. Die Makronen im vorgeheizten Backofen bei 180°C auf der mittleren Schiene etwa 25 Minuten backen, bis sie schön gebräunt sind. Dann sofort vom Blech lösen und auf einem Kuchengitter nebeneinander auskühlen lassen. Die Schokolade schmelzen und die Makronen damit verzieren.

Anmerkung: Die Makronen passen nicht auf ein einziges Blech. Damit die Masse trotzdem fest bleibt, sollten Sie sie im Kühl-

schrank aufbewahren, während Sie die erste Schicht im Backofen haben.
Diese Makronen lassen sich ganz leicht in Zitronenmakronen umwandeln, wenn Sie die Schale von zwei bis drei unbehandelten Zitronen und eine Prise Ingwerpulver verwenden.

Hagebuttenmakronen

Zutaten für etwa 60 Stück

4 Eiweiß · 1 Prise Salz · 100 g Zuckerrohrgranulat
1 TL gemahlene Vanille · 250 g ungesüßtes Hagebuttenmark
250 g geschälte feingehackte Mandeln · Butter für das Blech
etwa 60 geschälte Mandelhälften zum Verzieren

Eiweiß mit Salz mit den Rührbesen des Handrührgerätes zu sehr steifem Schnee schlagen. Dabei nach und nach das Zuckerrohrgranulat und die Vanille einrieseln lassen. Hagebuttenmark und Mandeln mit einem Schneebesen vorsichtig unter den Eischnee ziehen. Ein Backblech mit etwas Butter ausstreichen. Mit zwei Teelöffeln von der Makronenmasse kleine Häufchen abstechen und auf das Blech setzen. Mit je einer Mandelhälfte garnieren und im vorgeheizten Backofen bei 180 °C auf der mittleren Schiene etwa 20 Minuten backen, bis sie leicht gebräunt sind. Dann sofort vom Blech lösen und auf einem Kuchengitter nebeneinander auskühlen lassen.

Bananenmakronen mit Sonnenblumenkernen

Zutaten für etwa 50 Stück
200 g getrocknete ungeschwefelte Bananen
3–4 EL Zitronensaft · 100 g Sonnenblumenkerne
4 Eiweiß · 1 Prise Salz · 100 g Zuckerrohrgranulat
1 Prise Nelkenpfeffer · Butter für das Blech

Die Bananen in kleine Würfel schneiden und mit dem Zitronensaft vermischt zugedeckt etwa 1 Stunde ziehen lassen. Inzwischen die Sonnenblumenkerne mit einem großen schweren Messer grob hacken. Dann mit den Bananen mischen. Eiweiß mit dem Salz mit den Rührbesen des Handrührgerätes zu sehr steifem Schnee schlagen, dabei nach und nach das Zuckerrohrgranulat und den Nelkenpfeffer einrieseln lassen. Die Bananen-Sonnenblumenkern-Mischung mit einem Schneebesen vorsichtig untermischen. Ein Backblech mit etwas Butter ausstreichen. Von der Makronenmasse mit zwei Teelöffeln jeweils kleine Häufchen abstechen und auf das Backblech setzen. Die Makronen im vorgeheizten Backofen bei 180 °C auf der mittleren Schiene etwa 20 Minuten backen, bis sie leicht gebräunt sind. Dann sofort vom Blech lösen und auf einem Kuchengitter nebeneinander auskühlen lassen.

Anmerkung: Bananen kann man ganz einfach selbst trocknen. Man benötigt dazu sehr reife Bananen, die man schält, der Länge nach halbiert und im Backofen bei niedrigster Stufe so lange auf einem doppelten Küchenpapier trocknet, bis sie dunkelbraun und um etwa die Hälfte zusammengeschrumpft sind. Dazu klemmt man einen Holzlöffel zwischen die Backofentüre, damit sie einen Spalt breit offen bleibt und der Dampf, der sich bildet, abziehen kann.

Backpflaumenmakronen mit Zimt

Zutaten für etwa 50 Stück
200 g getrocknete ungeschwefelte Backpflaumen
3–4 EL trockener Rotwein oder ungesüßter Pflaumensaft
100 g Walnußkerne · 4 Eiweiß · 1 Prise Salz
100 g Zuckerrohrgranulat · 1–2 TL Zimtpulver
Butter für das Blech

Die Backpflaumen in kleine Würfel schneiden, mit dem Rotwein oder Pflaumensaft in einer kleinen Schüssel mischen und zugedeckt etwa 30 Minuten ziehen lassen. Inzwischen die Walnüsse mit einem großen schweren Messer kleinhacken. Dann mit den Pflaumen mischen. Eiweiß mit dem Salz mit den Rührbesen des Handrührgerätes zu sehr steifem Schnee schlagen, dabei nach und nach das Zuckerrohrgranulat und den Zimt einrieseln lassen. Die Pflaumen-Nuß-Mischung mit einem Schneebesen vorsichtig unterheben. Ein Backblech mit etwas Butter ausstreichen. Mit zwei Teelöffeln von der Makronenmasse kleine Häufchen abstechen und auf das Backblech setzen. Die Makronen im vorgeheizten Backofen bei 180 °C auf der mittleren Schiene etwa 20 Minuten backen, bis sie leicht gebräunt sind. Sofort vom Blech lösen und auf einem Kuchengitter nebeneinander auskühlen lassen.

Carobenherzen mit Schokoladenguß

Zutaten für etwa 35 Stück
3 Eiweiß · 1 Prise Salz
100 g Zuckerrohrgranulat · 2–3 EL Carobenpulver
je ½ TL gemahlener Ingwer und gemahlene Vanille
375 g ungeschälte gemahlene Mandeln
Mehl für die Arbeitsfläche · Butter und etwas Mehl für das Blech
1 Tafel Honigschokolade (Reformhaus)

Eiweiß mit Salz mit den Rührbesen des Handrührgerätes zu sehr steifem Schnee schlagen, dabei nach und nach das Zuckerrohrgranulat, das Carobenpulver, den Ingwer und die Vanille einrieseln lassen. Mandeln vorsichtig untermischen. Masse auf wenig Mehl etwa ½ cm dick ausrollen und Herzen ausstechen. Ein Backblech mit Butter ausstreichen und mit wenig Mehl bestäuben. Herzen darauflegen und im vorgeheizten Backofen bei 160 °C auf der unteren Schiene etwa 30 Minuten backen. Plätzchen sofort vom Blech lösen und auf einem Kuchengitter auskühlen lassen. Schokolade in Stücke brechen und in einer Tasse im heißen Wasserbad schmelzen lassen. Plätzchen mit der Schokolade bestreichen und trocknen lassen.

Anmerkung: Man kann diese Plätzchen auch ohne Schokoladenguß verzehren, wenn man sie »ganz vollwertig« haben möchte.

Dattelmakronen

Zutaten für etwa 50 Stück
150 g getrocknete ungeschwefelte Datteln · 100 g Mandeln
4 Eiweiß · 1 Prise Salz · 1 EL Zitronen- oder Orangensaft
100 g Zuckerrohrgranulat · 1 Prise Nelkenpfeffer
Butter für das Blech

Datteln entsteinen und in dünne Streifen schneiden. Mandeln mit kochendheißem Wasser überbrühen, kurz darin ziehen lassen, kalt abschrecken und die Schalen abziehen. Mandeln mit einem Küchentuch abtrocknen und in dünne Stifte schneiden. Eiweiß mit Salz und Zitronen- oder Orangensaft mit den Rührbesen des Handrührgerätes zu sehr steifem Schnee schlagen, dabei nach und nach das Zuckerrohrgranulat und den Nelkenpfeffer einrieseln lassen. Die Datteln und die Mandelstifte mit einem Schneebesen vorsichtig unterheben. Ein Backblech mit etwas Butter ausstreichen. Mit zwei Teelöffeln von der Makronenmasse kleine Häufchen abstechen und auf das Backblech setzen. Makronen im vorgeheizten Backofen bei 180 °C auf der mittleren Schiene etwa 20 Minuten backen, bis sie schön gebräunt sind. Sofort vom Blech lösen und auf einem Kuchengitter nebeneinander auskühlen lassen.

Aprikosen-Mohn-Makronen

Zutaten für etwa 50 Stück
50 g getrocknete ungeschwefelte Aprikosen
50 g gemahlener Mohn · 1/8 l Milch
125 g grobgemahlene Mandeln · 4 Eiweiß
100 g Zuckerrohrgranulat · 1/2 TL gemahlene Vanille
Fett für das Blech

Die Aprikosen in sehr kleine Würfel schneiden. Mit dem Mohn und der Milch in einen Topf geben und einmal aufkochen. Die Masse erkalten lassen, dann die Mandeln untermischen. Eiweiß zu sehr steifem Schnee schlagen, dabei nach und nach das Zukkerrohrgranulat und die Vanille einrieseln lassen. Mohnmischung mit einem Schneebesen vorsichtig unter den Eischnee heben. Mit zwei Teelöffeln von der Makronenmasse kleine Häufchen abstechen und auf ein gefettetes Backblech setzen. Makronen im vorgeheizten Backofen bei 180 °C auf der mittleren Schiene etwa 15–20 Minuten backen, bis sie leicht gebräunt und fest sind. Sofort vom Blech lösen und nebeneinander auskühlen lassen.

Walnußmakronen

(Foto Seite 64)

Zutaten für etwa 50 Stück
200 g Walnußkerne · 1 kleines Stück kandierter Ingwer
4 Eiweiß · 1 Prise Salz · 100 g Zuckerrohrgranulat
1½ EL Carobenpulver · Butter für das Blech

Walnußkerne mit einem großen schweren Messer fein hacken. Ingwer in sehr kleine Würfel schneiden und mit den Nüssen mischen. Eiweiß mit dem Salz mit den Rührbesen des Handrührgerätes zu sehr steifem Schnee schlagen, dabei nach und nach das Zuckerrohrgranulat und das Carobenpulver einrieseln lassen. Die Walnußmischung mit einem Schneebesen vorsichtig unterheben. Ein Backblech mit etwas Butter ausstreichen. Mit zwei Teelöffeln von der Makronenmasse kleine Häufchen abstechen und auf das Backblech setzen. Die Makronen im vorgeheizten Backofen bei 180 °C auf der mittleren Schiene etwa 20 Minuten backen, bis sie schön gebräunt sind. Dann sofort vom Backblech lösen und auf einem Kuchengitter auskühlen lassen.

Anmerkung: Sie können die Masse auch in einen Spritzbeutel füllen und auf das Backblech spritzen. Gut schmecken die Makronen auch mit einer Garnitur aus Kaffeebohnen und feinen Schokoladenstreifen aus Honigschokolade.

Haselnußmakronen

(Foto Seite 65)

Zutaten für etwa 50 Stück
4 Eiweiß · 1 EL Orangensaft · 1 Prise Salz
100 g Zuckerrohrgranulat · 250 g gemahlene Haselnüsse
½ TL gemahlene Vanille · ½ EL Caroben · Butter für das Blech
evtl. 1–2 EL Kürbiskerne · 100 g Johannisbeerkonfitüre
100 g Honigschokolade (Reformhaus)

Eiweiß mit Orangensaft und Salz mit den Rührbesen des Handrührgerätes zu sehr steifem Schnee schlagen, dabei nach und nach das Zuckerrohrgranulat einrieseln lassen. Haselnüsse, Vanille und Caroben mischen und mit einem Schneebesen vorsichtig unter den Eischnee heben. Ein Backblech mit etwas Butter ausstreichen. Mit zwei Teelöffeln von der Makronenmasse kleine Häufchen abstechen und auf das Backblech setzen. Makronen mit Kürbiskernen verzieren und im vorgeheizten Backofen bei 180 °C auf der mittleren Schiene etwa 20 Minuten backen, bis sie schön gebräunt sind. Sofort vom Blech lösen. Die Hälfte der Makronen mit Johannisbeerkonfitüre bestreichen – Makronen zusammensetzen.

Schokolade schmelzen und die Makronen damit verzieren.

Gewürzmakronen

Zutaten für etwa 50 Stück

4 Eiweiß · 1 Prise Salz · 100 g Zuckerrohrgranulat

200 g feingemahlene Haselnüsse

abgeriebene Schale von je 1 unbehandelten Orange und Zitrone

1 TL Zimtpulver

je 1 Msp Nelkenpfeffer, gemahlener Kardamom, Ingwerpulver und gemahlene Vanille

Butter für das Blech

Eiweiß mit dem Salz mit den Rührbesen des Handrührgerätes zu sehr steifem Schnee schlagen, dabei nach und nach das Zuckerrohrgranulat einrieseln lassen. Haselnüsse mit Orangen- und Zitronenschale, Zimtpulver, Nelkenpfeffer, Kardamom, Ingwerpulver und Vanille mischen und mit einem Schneebesen vorsichtig unter den Eischnee heben. Ein Backblech mit etwas Butter ausstreichen. Mit zwei Teelöffeln von der Makronenmasse kleine Häufchen abstechen und auf das Backblech setzen. Die Gewürzmakronen im vorgeheizten Backofen bei 180 °C auf der mittleren Schiene etwa 20 Minuten backen, bis sie schön gebräunt sind. Dann sofort vom Blech lösen und auf einem Kuchengitter nebeneinander auskühlen lassen.

Kokosnußmakronen

(Foto Seite 33)

Zutaten für etwa 50 Stück
4 Eiweiß · 1 Prise Salz · 100 g Zuckerrohrgranulat
abgeriebene Schale von ¼ unbehandelten Zitrone
250 g Kokosraspeln (möglichst aus frischem Kokosnußfleisch)
Butter für das Backblech

Eiweiß mit dem Salz mit den Rührbesen des Handrührgerätes zu sehr steifem Schnee schlagen, dabei nach und nach das Zuckerrohrgranulat einrieseln lassen. Die Zitronenschale mit den Kokosraspeln mischen und vorsichtig mit einem Schneebesen unter den Eischnee heben. Ein Backblech mit etwas Butter ausstreichen. Mit zwei Teelöffeln von der Makronenmasse kleine Häufchen abstechen und auf das Backblech setzen. Kokosmakronen im vorgeheizten Backofen bei 180 °C auf der mittleren Schiene etwa 20 Minuten backen, bis sie schön gebräunt sind. Sofort vom Blech lösen und nebeneinander auf einem Kuchengitter auskühlen lassen.

Anmerkung: Statt Kokosraspeln können Sie auch einmal Carabtafel unter die Makronenmasse mischen.

Zimtsterne

Zutaten für etwa 50 Stück
6 Eiweiß · 300 g Zuckerrohrgranulat
500 g ungeschälte gemahlene Mandeln · 2–3 TL Zimtpulver
Fett für das Blech

Eiweiß zu sehr steifem Schnee schlagen, dabei nach und nach das Zuckerrohrgranulat einrieseln lassen. Etwa eine Tasse von dem Eischnee für die Glasur beiseite stellen. Mandeln und Zimtpulver mischen und unter den restlichen Eischnee rühren. Masse auf einer mit gemahlenen Mandeln bestreuten Arbeitsfläche etwa 1 cm dick ausrollen und Sterne ausstechen. Die Sterne auf ein gefettetes Backblech legen, mit der Glasur bestreichen und im vorgeheizten Backofen bei 160 °C etwa 8 Minuten backen. Zimtsterne vorsichtig vom Blech lösen und nebeneinander auskühlen lassen.

Beliebtes Gewürzgebäck

Kokos-Gewürzplätzchen

Zutaten für etwa 60 Stück

150 g weiche Butter · 1 Prise Salz

je 1 Msp Nelkenpfeffer, gemahlener Kardamom und gemahlene Muskatblüte

1 TL Zimtpulver · 1 TL gemahlene Vanille

abgeriebene Schale von 1 unbehandelten Zitrone

1 EL Rum oder Zitronensaft · 70 g Birnendicksaft

1 großes Ei · 100 g Korinthen

150 g Kokosraspel (möglichst frisch geraspelt)

200 g feingemahlener Weizen · 100 g feingemahlene Haselnüsse

Butter für das Blech

Butter mit Salz, Nelkenpfeffer, Kardamom, Muskat, Zimt, Vanille, Zitronenschale, Rum oder Zitronensaft und Birnendicksaft mit den Rührbesen des Handrührgerätes sehr schaumig schlagen. Ei unterrühren. Korinthen, Kokosraspel, Mehl und Haselnüsse unterkneten. Sollte der Teig zu fest sein, noch etwas kaltes Wasser unterarbeiten. Teig zu einer Kugel formen und in Folie gewickelt etwa 30 Minuten in den Kühlschrank stellen. Ein Backblech mit Butter ausstreichen. Aus dem Teig etwa walnußgroße Kugeln formen und diese auf das Blech geben. Die Kugeln im vorgeheizten

Walnußmakronen (Rezept S. 59)

Haselnußmakronen (Rezept S. 60)

Backofen bei 180 °C auf der mittleren Schiene etwa 20 Minuten backen. Sofort vom Blech lösen und auskühlen lassen.

Muskatplätzchen

Zutaten für etwa 50 Stück
75 g weiche Butter · 50 g Zuckerrohrgranulat
1 großes Ei · 50 g feingemahlene Mandeln
etwa ¼ TL geriebene Muskatnuß · 1 TL Carobenpulver
100 g feingemahlener Weizen · 75 g feingemahlener Reis
Mehl für die Arbeitsfläche · Butter für das Blech
2–3 EL süße Sahne

Butter mit Zuckerrohrgranulat und Ei mit den Rührbesen des Handrührgerätes sehr schaumig schlagen. Mandeln, Muskat, Carobenpulver und beide Mehlsorten unterkneten. Sollte der Teig zu fest sein, noch etwas kaltes Wasser unterarbeiten. Teig zur Kugel formen und in Folie gewickelt etwa 30 Minuten in den Kühlschrank stellen. Dann noch einmal durchkneten und auf der bemehlten Arbeitsfläche etwa messerrückendick ausrollen. Ein Backblech mit wenig Butter ausstreichen. Aus dem Teig kleine Ringe ausstechen und auf das Backblech legen. Ringe mit Sahne bestreichen und im vorgeheizten Backofen bei 200 °C auf der mittleren Schiene etwa 8 Minuten backen. Dann sofort vom Blech lösen und auskühlen lassen.

Pecannuß-Plätzchen

Zutaten für etwa 30 Stück
150 g weiche Butter · 60 g Zuckerrohrgranulat
1 großes Ei · 1 Eigelb · 1 Msp Nelkenpfeffer
½ TL geriebene Muskatnuß · 1 Prise Salz
½ TL Zimtpulver · 150 g feingemahlene Pecannüsse
200 g feingemahlener Weizen · evtl. 2–3 EL Milch
Butter für das Blech

Butter mit Zuckerrohrgranulat mit den Rührbesen des Handrührgerätes schaumig schlagen. Ei, Eigelb, Nelkenpfeffer, Muskat, Salz, Zimt, Pecannüsse und Weizen nach und nach unterrühren. Der Teig soll zähflüssig, aber nicht zu fest sein. Gegebenenfalls noch die Milch unterrühren. Teig zugedeckt etwa 1 Stunde in den Kühlschrank stellen. Dann ein Backblech mit Butter ausstreichen. Von dem Teig mit zwei Teelöffeln kleine Häufchen abstechen und mit genügend großem Abstand auf das Blech setzen. Plätzchen im vorgeheizten Backofen auf der mittleren Schiene bei 180 °C etwa 20 Minuten backen. Sofort vom Blech lösen und auf einem Kuchengitter auskühlen lassen.

Berliner Brot

Zutaten für etwa 70 Stück
125 g Mandeln · 35 g getrocknete ungeschwefelte Aprikosen
2 große Eier · 2 EL warmes Wasser · 150 g Apfeldicksaft
1 EL Rum oder Orangensaft · 1 gute Msp Nelkenpfeffer
2 EL Carobenpulver · 250 g feingemahlener Weizen
1 TL Weinstein-Backpulver · Butter für das Blech
Saft von ½ Blutorange

Mandeln mit kochendheißem Wasser überbrühen, kurz darin ziehen lassen, kalt abschrecken und die Häute abziehen. Mandeln mit einem Küchentuch gründlich abtrocknen, dann mit einem großen schweren Messer sehr grob hacken. Aprikosen in kleine Würfel schneiden. Eier mit Wasser, Apfeldicksaft und Rum oder Orangensaft schaumig schlagen. Nach und nach Nelkenpfeffer, Zimtpulver, Carobenpulver, das mit Backpulver gemischte Mehl sowie die Mandeln und die Aprikosen unterrühren. Ein Backblech gründlich mit Butter ausstreichen. Den Teig mit einem angefeuchteten Teigschaber etwa ½ cm dick glatt darauf verstreichen und im vorgeheizten Backofen bei 200 °C etwa 20 Minuten backen. Die heiße Teigplatte mit dem Orangensaft bestreichen und in rechteckige Schnitten schneiden. Diese vom Backblech heben und auf einem Kuchengitter auskühlen lassen.

Anmerkung: Berliner Brot schmeckt am besten, wenn man es einige Tage durchziehen läßt.

Aprikosen-Ingwerherzen

Zutaten für etwa 40 Stück

200 g feingemahlener Weizen · 100 g feingemahlene Hirse

100 g Zuckerrübensirup · 1 Prise Salz

abgeriebene Schale von ½ unbehandelten Zitrone

1–2 TL Ingwerpulver · 1 EL Rum oder Zitronensaft

150 g gekühlte Butter · 1 Ei · Mehl für die Arbeitsfläche

Butter für das Blech

etwa 150 g ungesüßte Aprikosenmarmelade (Naturkostladen oder Reformhaus)

1–2 EL trockener Weißwein oder Zitronensaft

etwas Wildpfeilwurzelmehl zum Bestäuben

Beide Mehlsorten mit dem Zuckerrübensirup, dem Salz, der Zitronenschale, dem Ingwer und dem Rum oder Zitronensaft in einer Schüssel mischen. Butter in kleine Flöckchen teilen und mit dem Ei dazugeben. Alles mit den Knethaken des Handrührgerätes oder den Händen rasch zu einem geschmeidigen, glatten Teig verkneten. Sollte der Teig zu fest sein, noch etwas kaltes Wasser unterarbeiten. Den Teig zur Kugel formen und in Folie gewickelt etwa 30 Minuten in den Kühlschrank stellen. Teig dann noch einmal durchkneten und auf der bemehlten Arbeitsfläche etwa messerrückendick ausrollen. Herzen ausstechen. Ein Backblech mit wenig Butter ausstreichen und die Plätzchen darauf im vorgeheizten Backofen bei 180 °C auf der mittleren Schiene etwa 10 Minuten backen, bis sie schön gebräunt sind. Inzwischen die Aprikosenmarmelade mit dem Weißwein oder Zitronensaft glattrühren. Die fertigen Plätzchen sofort vom Blech lösen. Eine Hälfte davon mit der Aprikosenmarmelade bestreichen und die restlichen Plätzchen daraufsetzen. Mit etwas Wildpfeilwurzelmehl bestäuben und auf einem Kuchengitter vollkommen auskühlen lassen.

Spekulatius

Zutaten für 30–80 Stück
(je nach Größe der Formen)

200 g feingemahlener Roggen · 300 g feingemahlener Weizen

knapp ½ Päckchen Weinstein-Backpulver

250 g Zuckerrübensirup · 250 g gekühlte Butter · 1 Ei

1 Eigelb · je 2 TL Zimtpulver und gemahlener Kardamom

1 TL Nelkenpfeffer · Butter und Mehl für das Blech

Mehl für die Arbeitsfläche und die Model

Beide Mehlsorten mit dem Backpulver in einer Schüssel mischen. Zuckerrübensirup, die in Flöckchen geteilte Butter, Ei, Eigelb, Zimt, Kardamom und Nelkenpfeffer dazugeben. Alles mit den Knethaken des Handrührgerätes oder den Händen zu einem geschmeidigen, glatten Teig verkneten. Sollte der Teig zu fest sein, noch etwas Wasser unterarbeiten. Teig zur Kugel formen und in Folie gewickelt etwa 1 Stunde in den Kühlschrank stellen. Ein Backblech mit Butter ausstreichen und mit wenig Mehl bestäuben. Den Teig noch einmal durchkneten und auf der bemehlten Arbeitsfläche etwa messerrückendick ausrollen. Rechtecke in der Größe der Spekulatiusmodel ausschneiden. Die Model mit etwas Mehl bestäuben und in den Teig drücken. Überstehenden Teig mit einem scharfen Messer abschneiden und die Spekulatius auf das Backblech legen. Dann im vorgeheizten Backofen bei 180 °C etwa 15 Minuten backen, bis sie schön gebräunt sind. Sofort vorsichtig vom Blech lösen und auf einem Kuchengitter auskühlen lassen.

Anmerkung: Falls Sie keine Spekulatiusmodel besitzen, können Sie den Teig auch mit größeren Förmchen (zum Beispiel Tannenbäumen) ausstechen.

Zimt-Haselnuß-Herzen

(Foto Seite 80)

Zutaten für etwa 30 Stück
4 Eigelb · 2 TL Zimt · 1 Prise Salz
100 g Zuckerrohrgranulat · 200 g Haselnußkerne
3 Eiweiß · 60 g feingemahlener Weizen
1 TL Zitronensaft · Mohn · Sesam
Weizenvollkornmehl zum Bearbeiten

Eigelb mit Zimt, Salz und 80 g Zuckerrohrgranulat in 7 Minuten dickschaumig schlagen. Haselnüsse mahlen und in einer Pfanne ohne Fett anrösten, bis sie duften. 2 Eiweiß steif schlagen und unter die Eigelbmasse ziehen, dann Haselnüsse und Mehl unterarbeiten. Den Teig eingewickelt 1 Stunde kalt stellen. 2 Backbleche fetten. Den etwas klebrigen Teig portionsweise, mit wenig Mehl, zwischen Folie knapp ½ cm dick ausrollen, Herzen ausstechen und auf die Bleche legen. Teigreste zu 3 cm dicken Kugeln formen und eine Vertiefung in die Mitte drücken. Das restliche Eiweiß mit dem restlichen Zuckerrohrgranulat und dem Zitronensaft etwa 5 Minuten auf der höchsten Stufe steif schlagen. Eischnee in einen Spritzbeutel mit Sterntüte füllen und die Herzen und Kugeln damit verzieren, mit Mohn oder Sesam bestreuen. Im vorgeheizten Backofen bei 175°C etwa 15 Minuten backen. Herzen auskühlen lassen und dann zwischen Lagen von Pergamentpapier in Blechdosen aufbewahren.

Korinthen-Pistazien-Plätzchen

Zutaten für etwa 40 Stück
3 Eier · 80 g Zuckerrohrgranulat
150 g feingemahlener Weizen · 1 TL Weinstein-Backpulver
200 g Korinthen · 100 g feingemahlene ungesalzene Pistazien
1 TL Zimtpulver · 1 Prise geriebene Muskatnuß
abgeriebene Schale von ½ unbehandelten Zitrone
Butter für das Blech

Eier mit Zuckerrohrgranulat mit den Rührbesen des Handrührgerätes so lange schaumig schlagen, bis sich das Zuckerrohrgranulat gelöst hat. Weizenmehl mit Backpulver mischen und mit den Korinthen, den Pistazien, Zimt, Muskat und Zitronenschale unter die Eimasse rühren. Ein Backblech gründlich mit Butter ausstreichen. Mit zwei Teelöffeln von dem Teig kleine Häufchen abstechen, auf das Backblech setzen und im vorgeheizten Backofen auf der mittleren Schiene bei 180 °C etwa 15 Minuten backen, bis sie schön gebräunt sind. Plätzchen sofort vom Blech lösen und auf einem Kuchengitter auskühlen lassen.

Dattelwürfel

Zutaten für etwa 60 Stück
250 g getrocknete ungeschwefelte Datteln
60 g Honig · Saft von 1 große Orange · ½ Tasse Wasser
150 g feingemahlener Weizen · 50 g feingemahlener Reis
70 g Zuckerrohrgranulat · 1 Prise Salz · 1 TL Zimtpulver
½ TL gemahlene Muskatblüte · 1 Prise gemahlener Kardamom
abgeriebene Schale von 1 unbehandelten Zitrone · 1 Ei
125 g gekühlte Butter · Mehl für die Arbeitsfläche
Butter für das Blech · 1 Eigelb · 1–2 EL Milch

Für die Füllung Datteln gegebenenfalls entsteinen, dann fein hacken. Mit Honig, Orangensaft und Wasser in einem Topf erhitzen und unter Rühren so lange köcheln lassen, bis die Masse sirupartig ist. Dann vom Herd nehmen und abkühlen lassen. Für den Teig beide Mehlsorten mit Zuckerrohrgranulat, Salz, Zimt, Muskat, Kardamom, Zitronenschale und Ei in einer Schüssel mischen. Butter in Flöckchen teilen und dazugeben. Alles mit den Knethaken des Handrührgerätes oder den Händen rasch zu einem glatten, geschmeidigen Teig verkneten. Sollte der Teig zu fest sein, noch etwas Wasser unterarbeiten. Teig zur Kugel formen und in Folie gewickelt etwa 30 Minuten in den Kühlschrank stellen. Teig dann halbieren und auf der bemehlten Arbeitsfläche jeweils zu einem Rechteck in der Größe eines halben Backblechs ausrollen. Backblech zur Hälfte mit wenig Butter ausstreichen. Eine Teigplatte daraufgeben und gleichmäßig mit der Dattelmasse bestreichen. Die zweite Teigplatte darüber decken. Eigelb mit Milch verquirlen und die Teigplatte damit bepinseln. Im vorgeheizten Backofen bei 180 °C auf der mittleren Schiene etwa 20 Minuten backen. Etwas abkühlen lassen, dann in gleich große Würfel schneiden, vom Blech lösen und auskühlen lassen.

Haferflocken-Zimt-Biskuits

Zutaten für etwa 35 Stück

3 Eigelb · 2 EL heißes Wasser · 1 TL Zimtpulver

1 TL Carobenpulver · 1 TL gemahlene Vanille

abgeriebene Schale von 1 unbehandelten Orange

80 g Zuckerrohrgranulat · 3 Eiweiß · 1 Prise Salz

200 g Hafervollkornflocken

Butter und Mehl für das Blech

Eigelb mit Wasser, Zimt, Caroben, Vanille und Orangenschale mit den Rührbesen des Handrührgerätes schaumig schlagen, dabei nach und nach das Zuckerrohrgranulat einrieseln lassen. Eiweiß mit Salz zu sehr steifem Schnee schlagen und auf die Eigelbmasse gleiten lassen. Haferflocken darübergeben und alles mit einem Schneebesen vorsichtig mischen. Ein Backblech mit Butter auspinseln und mit wenig Mehl bestäuben. Mit zwei Teelöffeln von dem Teig kleine Häufchen abstechen und mit genügend großem Abstand auf das Blech setzen. Die Biskuits im vorgeheizten Backofen bei 180 °C auf der mittleren Schiene etwa 20 Minuten backen. Dann sofort vom Blech lösen und auf einem Kuchengitter auskühlen lassen.

Gewürzstangen mit Sesam

Zutaten für etwa 50 Stück
100 g ungeschälte Sesamsamen · 100 g Butter
80 g Zuckerrohrgranulat · 2 große Eier · 1 Eigelb
1–2 EL saure Sahne · 2 TL Zimtpulver
je 1 Msp Nelkenpfeffer, gemahlener Kardamom und Anispulver
1 EL Carobenpulver
abgeriebene Schale von 1 unbehandelten Orange
200 g feingemahlener Weizen
100 g feingemahlener Buchweizen
Butter und Mehl für das Blech

Sesamsamen in einer Pfanne bei mittlerer Hitze ohne Fettzugabe unter ständigem Rühren so lange rösten, bis sie würzig duften. Dann abkühlen lassen und fein mahlen. Butter mit Zuckerrohrgranulat mit den Rührbesen des Handrührgerätes schaumig rühren, bis sich das Zuckerrohrgranulat gelöst hat. Eier, Eigelb und saure Sahne untermischen und weiterrühren, bis die Masse dickschaumig ist. Zimt, Nelkenpfeffer, Kardamom, Anis, Carobenpulver und Orangenschale sowie den Sesam unterrühren. Beide Mehlsorten mischen und unter die Eiermasse rühren. Ein Backblech mit etwas Butter ausstreichen und mit wenig Mehl bestäuben. Teig in einen Spritzbeutel mit Sterntülle füllen und 4–5 cm lange Stangen auf das Blech spritzen. Gewürzstangen im vorgeheizten Backofen bei 200 °C auf der mittleren Schiene etwa 15 Minuten backen, bis sie schön gebräunt sind. Dann sofort vom Blech lösen und auf einem Kuchengitter auskühlen lassen.

Anmerkung: Sesamsamen mahlen Sie am besten in einer Kaffeemühle, da die ölhaltigen Samen eine normale Mandelmühle verkleben würden.

Ingwerkekse

Zutaten für etwa 45 Stück
125 g Butter · 80 g Zuckerrohrgranulat
1 EL Zuckerrübensirup · 2 kleine Eier
250 g feingemahlener Weizen
½ Päckchen Weinstein-Backpulver · 2 TL Ingwerpulver
1 Prise geriebene Muskatnuß · Fett für das Blech

Butter mit Zuckerrohrgranulat und Zuckerrübensirup mit den Rührbesen des Handrührgerätes so lange schaumig schlagen, bis sich das Zuckerrohrgranulat gelöst hat. Eier einzeln gründlich unterrühren. Weizenmehl mit Backpulver, Ingwerpulver und Muskat mischen. Nach und nach unter die Buttermasse rühren und den Teig etwa 30 Minuten zugedeckt in den Kühlschrank stellen. Ein Backblech mit Butter ausstreichen. Teig zu etwa walnußgroßen Kugeln formen und in genügend großem Abstand auf das Backblech setzen. Plätzchen im vorgeheizten Backofen bei 180 °C auf der mittleren Schiene etwa 20 Minuten backen. Sofort vom Blech lösen und auf einem Kuchengitter auskühlen lassen.

Gewürzschnitten mit Pinienkernen

Zutaten für etwa 80 Stück
100 g getrocknete ungeschwefelte Pfirsiche
150 g Pinienkerne · 100 g Korinthen
3 EL Cognac oder Orangensaft · 175 g weiche Butter
100 g Zuckerrohrgranulat oder Sanddornsirup
3 große Eier · 150 g feingemahlener Weizen
100 g feingemahlener Roggen
je 1 gute Msp Anispulver, gemahlener Koriander, Ingwerpulver und Kardamom
1 TL Zimtpulver · 1 EL Carobenpulver
abgeriebene Schale von 1 unbehandelten Zitrone
Butter für das Blech · 1 Eigelb · 1–2 EL Milch

Pfirsiche in kleine Würfel schneiden. Pinienkerne in einer Pfanne ohne Fettzugabe bei mittlerer Hitze unter ständigem Rühren rösten, bis sie leicht gebräunt sind. Dann abkühlen lassen und grob hacken. Etwa 2 EL der Pinienkerne beiseite legen. Die restlichen Pinienkerne mit den Korinthen und den Pfirsichen in einer Schüssel mischen, mit dem Rum oder Orangensaft mischen und zugedeckt beiseite stellen. Butter mit Zuckerrohrgranulat oder Sanddornsirup mit den Rührbesen des Handrührgerätes so lange rühren, bis sich das Zuckerrohrgranulat gelöst hat. Eier einzeln unterrühren und die Masse so lange weiterschlagen, bis sie dickschaumig ist. Beide Mehlsorten mit Anis, Koriander, Ingwer, Kardamom, Zimtpulver, Caroben und Zitronenschale mischen und mit der Pfirsichmischung gründlich unter die Schaummasse rühren. Ein Backblech mit wenig Butter ausstreichen. Teig mit einem angefeuchteten Teigschaber auf dem Blech verstreichen.

Eigelb mit Milch verquirlen und den Teig damit bestreichen. Die zurückbehaltenen Pinienkerne darüberstreuen. Teigplatte im vorgeheizten Backofen bei 180 °C auf der mittleren Schiene etwa 25 Minuten backen. Teigplatte leicht abkühlen lassen, dann in kleine Rechtecke schneiden, vom Blech lösen und auf einem Kuchengitter auskühlen lassen.

Anmerkung: Wenn Ihnen Pinienkerne zu teuer sind, können Sie die Schnitten auch mit Hasel- oder Walnüssen zubereiten.

Anisplätzchen

Zutaten für etwa 40 Stück
1–2 TL Anissamen (je nach Geschmack) · 2 große Eier
80 g Zuckerrohrgranulat · etwa 180 g Reismehl
Butter und Mehl für das Blech

Anissamen im Mörser oder der Kaffeemühle fein zerkleinern. Eier mit Zuckerrohrgranulat mit den Rührbesen des Handrührgerätes zu einer dicken, schaumigen Creme aufschlagen. Anissamen und Reismehl mit einem Schneebesen vorsichtig unterheben. Ein Backblech mit etwas Butter ausstreichen und mit wenig Mehl bestäuben. Mit zwei Teelöffeln kleine Plätzchen auf das Blech setzen. Der Teig darf nicht zu sehr auseinanderlaufen. Gegebenenfalls noch etwas Reismehl unter den Teig mengen. Plätzchen 1 Stunde stehenlassen, damit sie etwas trocknen können und anschließend im vorgeheizten Backofen bei 150 °C etwa 40 Minuten backen, bis sie sich etwas dunkler gefärbt haben. Sofort vom Blech lösen und auf einem Kuchengitter nebeneinander auskühlen lassen.

Orangen-Muskat-Kugeln

(Foto Seite 81)

Zutaten für etwa 60 Stück

250 g feingemahlener Weizen · 150 g feingemahlener Hafer
80 g Ahornsirup · 1 Prise Salz
abgeriebene Schale von 2 unbehandelten Orangen
1 TL gemahlene Muskatblüte · 1 TL Carobenpulver
200 g gekühlte Butter · Saft von 1 Blutorange
1 kleines Eigelb · Butter für das Blech
etwa 60 g geschälte Mandeln · 1 Eiweiß
50 g Zuckerrohrgranulat · 1–2 TL Carobenpulver

Beide Mehlsorten mit dem Ahornsirup, dem Salz, der Orangenschale, dem Muskat und 1 TL Carobenpulver in einer Schüssel mischen. Butter in kleine Flöckchen teilen und mit dem Orangensaft und dem Eigelb dazugeben. Alles mit den Knethaken des Handrührgerätes oder den Händen rasch zu einem geschmeidigen, glatten Teig verkneten. Sollte der Teig zu fest sein, noch etwas kaltes Wasser unterarbeiten. Teig zur Kugel formen und in Folie gewickelt etwa 1 Stunde in den Kühlschrank stellen. Dann ein Backblech mit wenig Butter ausstreichen. Aus dem Teig etwa walnußgroße Kugeln formen, diese auf das Blech geben und mit je einer Mandelhälfte verzieren. Kugeln im vorgeheizten Backofen bei 180 °C auf der mittleren Schiene etwa 15 Minuten backen, bis sie schön gebräunt sind. Dann sofort vom Blech lösen. Das Eiweiß mit dem Granulat und dem restlichen Carobenpulver verquirlen, die Plätzchen damit bestreichen und mit je einer Mandel verzieren.

Gewürzschnitten mit Mandeln

Zutaten für etwa 60 Stück

60 g gemischte ungeschwefelte Trockenfrüchte

1 große Saftorange · 3 Eier · 1 Eigelb

100 g Zuckerrohrgranulat · 50 g flüssiger Honig

1 TL Zimtpulver · ½ TL Nelkenpfeffer

½ TL gemahlener Kardamom · 200 g gemahlene Mandeln

250 g feingemahlener Weizen · 1 TL Weinstein-Backpulver

Fett für das Blech · 30 g geschälte Mandeln

1 Eigelb · 1 EL Milch

Trockenfrüchte in kleine Würfel schneiden. Orange auspressen und die Trockenfrüchte mit dem Saft in einem Schälchen mischen. Zugedeckt etwa 30 Minuten ziehen lassen. Eier mit Eigelb, Zuckerrohrgranulat, Honig und Gewürzen zu einer schaumigen Masse schlagen. Eingeweichte Früchte mit Orangensaft und Mandeln untermischen. Mehl mit Backpulver mischen und mit einem Schneebesen unterheben. Masse mit einem feuchten Teigschaber auf das gefettete Backblech streichen (etwa ½ cm dick). Mandeln mit einem spitzen Messer halbieren und die Hälften in gleichmäßigen Abständen auf dem Teig verteilen. Teig im vorgeheizten Backofen bei 175 °C etwa 35 Minuten backen. Etwa 10 Minuten vor Ende der Backzeit das Eigelb mit der Milch verquirlen und auf den Teig streichen. Gebackene Teigplatte noch warm in Rauten schneiden, vom Blech lösen und auf einem Kuchengitter auskühlen lassen.

Fünfkorn-Gewürzplätzchen

(Foto Seite 104)

Zutaten für etwa 40 Stück
3 Eier · 80 g Zuckerrohrgranulat · 1 TL Zimtpulver
je ¼ TL gemahlener Kardamom, Muskatblüte und Nelkenpfeffer
2 TL Carobenpulver · 1 EL Cognac oder Orangensaft
je 50 g feingemahlener Weizen, Roggen, Gerste, Buchweizen und Hafer
1 gehäufter TL Weinstein-Backpulver
Butter und Mehl für das Blech
100 g Kokosraspeln

Eier mit Zuckerrohrgranulat, Zimt, Kardamom, Muskat, Nelkenpfeffer, Carobenpulver sowie Cognac oder Orangensaft mit den Rührbesen des Handrührgerätes sehr schaumig schlagen. Mehlsorten mit dem Backpulver mischen und unter die Eiercreme arbeiten. Ein Backblech mit Butter ausstreichen und mit etwas Mehl bestäuben. Mit zwei Teelöffeln jeweils etwas Teig abstechen und auf das Blech setzen. Die Gewürzplätzchen im vorgeheizten Backofen bei 200 °C etwa 15 Minuten backen, bis sie leicht gebräunt sind. Die Plätzchen vom Blech lösen, auf einen großen Teller geben und mit den Kokosraspeln bestreuen. Die Plätzchen auskühlen lassen.

Zimt-Haselnuß-Herzen (Rezept S. 70)

Orangen-Muskat-Kugeln (Rezept S. 78)

Zimttaler

(Foto Seite 32)

Zutaten für etwa 100 Stück
250 g weiche Butter · 120 g Zuckerrohrgranulat
2 Eier · 1 Prise Salz · 1–1½ EL Zimtpulver
250 g feingemahlener Weizen · Butter für das Blech
½ Tafel Honigschokolade (Reformhaus)

Butter mit Zuckerrohrgranulat mit den Rührbesen des Handrührgerätes sehr schaumig schlagen. Nach und nach Eier, Salz, Zimtpulver und Mehl untermischen. Ein Backblech mit Butter ausstreichen. Mit zwei Teelöffeln jeweils etwas Teig abnehmen und mit genügend großem Abstand auf das Blech setzen. Die Taler im vorgeheizten Backofen bei 170 °C auf der mittleren Schiene 12–15 Minuten backen. Dann vom Blech lösen und auskühlen lassen. Die Schokolade zerbrechen und in einem Schälchen im heißen Wasserbad schmelzen lassen. Die Taler spiralenförmig damit verzieren.

Lebkuchen und Honigkuchen

Dattellebkuchen mit Nüssen

Zutaten für etwa 20 Stück
100 g entkernte ungeschwefelte Datteln
50 g Korinthen · 200 g feingemahlene ungeschälte Haselnüsse
75 g feingemahlener Weizen oder Dinkel
½ TL Weinstein-Backpulver · 1 TL gemahlene Vanille
abgeriebene Schale von 1 unbehandelten Zitrone · 4 Eiweiß
1 Prise Salz · 100 g Zuckerrohrgranulat
Butter für das Blech
etwas Wildpfeilwurzelmehl zum Bestäuben

Datteln in kleine Würfel schneiden, dann mit den Korinthen, den Haselnüssen, dem Weizen- oder Dinkelmehl, Backpulver, Vanille und Zitronenschale mischen. Eiweiß mit Salz mit den Rührbesen des Handrührgerätes zu sehr steifem Schnee schlagen, dabei nach und nach das Zuckerrohrgranulat einrieseln lassen. Dattelmischung darübergeben und mit einem Schneebesen vorsichtig unterheben. Ein Backblech gründlich mit Butter ausstreichen. Mit einem Eßlöffel Teighäufchen daraufsetzen. Die Dattellebkuchen im vorgeheizten Backofen bei 170 °C auf der mittleren Schiene etwa 35 Minuten backen. Dann sofort vom Blech lösen, mit etwas

Wildpfeilwurzelmehl bestäuben und auf einem Kuchengitter auskühlen lassen.

Anmerkung: Diese Lebkuchen schmecken auch sehr gut, wenn man sie nach dem Auskühlen mit einer dünnen Schicht geschmolzener Honigschokolade (Reformhaus oder Naturkostladen) überzieht.

Caroben-Lebkuchen

Zutaten für etwa 20 Stück
75 g Carobenpulver
250 g geschälte feingemahlene Mandeln
1 EL Rum oder Orangensaft
abgeriebene Schale von ½ unbehandelten Orange
1 Prise Salz · ½ TL Zimtpulver · 1 Prise Nelkenpfeffer
1 Ei · 80 g Zuckerrohrgranulat · 3 Eiweiß
1 TL Zitronensaft · Butter für das Blech · 30 g Butter
3 EL Honig · ½ EL Carobenpulver

Carobenpulver mit Mandeln, Rum oder Orangensaft, Orangenschale, Salz, Zimt und Nelkenpfeffer mischen. Ei mit Zuckerrohrgranulat mit den Rührbesen des Handrührgerätes so lange schaumig schlagen, bis sich das Zuckerrohrgranulat gelöst hat. Eiweiß getrennt mit Zitronensaft zu sehr steifem Schnee schlagen und auf die Eigelbcreme gleiten lassen. Mandelmischung darübergeben und alles mit einem Schneebesen vorsichtig mischen. Ein Backblech mit Butter ausstreichen. Teig in kleinen Häufchen daraufsetzen und die Lebkuchen im vorgeheizten Backofen bei 160 °C auf der mittleren Schiene etwa 20 Minuten backen. Inzwischen für die Glasur die Butter mit dem Honig und dem Caroben in einem Topf erhitzen, bis sie geschmolzen ist. Die fertigen Lebkuchen sofort vom Blech lösen, mit der Glasur bestreichen und auf einem Kuchengitter auskühlen lassen.

Saftige Lebkuchen

Zutaten für etwa 20 Stück

200 g getrocknete ungeschwefelte Feigen

100 g getrocknete ungeschwefelte Birnen · 5 Eier

130 g Zuckerrohrgranulat

je 1 Msp Nelkenpfeffer, gemahlene Muskatblüte und Kardamom

½ EL Zimtpulver · 1 EL Carobenpulver

abgeriebene Schale von 1 unbehandelten Zitrone

1 Prise Salz · je 175 g feingemahlene Haselnüsse und Mandeln

etwas Butter für das Blech

Feigen und Birnen sehr klein würfeln. Eier mit den Rührbesen des Handrührgerätes sehr schaumig schlagen, dabei nach und nach das Zuckerrohrgranulat, Nelkenpfeffer, Muskatblüte, Kardamom, Zimt- und Carobenpulver, Zitronenschale und Salz einrieseln lassen. Trockenfrüchte, Haselnüsse und Mandeln mit einem Schneebesen untermischen. Ein Backblech mit Butter ausstreichen. Von der Lebkuchenmasse jeweils 1 EL abnehmen, auf das Blech geben und etwas flachstreichen. Die Lebkuchen im vorgeheizten Backofen bei 180 °C auf der mittleren Schiene etwa 35 Minuten backen. Sofort vom Blech lösen und auf einem Kuchengitter nebeneinander auskühlen lassen.

Nürnberger Lebkuchen

Zutaten für etwa 35 Stück
70 g Mandeln
je 75 g getrocknete ungeschwefelte Äpfel und entsteinte Pflaumen
5 Eier · 120 g Zuckerrohrgranulat
1 gestrichener TL Hirschhornsalz
250 g feingemahlener Weizen · 1 TL Zimtpulver
je 1 Prise Nelkenpfeffer, geriebene Muskatnuß und gemahlener Kardamom
etwa 35 Backoblaten (12 × 5 cm)

Mandeln mit kochendheißem Wasser überbrühen, kurz darin ziehen lassen, kalt abschrecken und die Häute abziehen. Die Mandeln mit einem Küchentuch gründlich abtrocknen, dann mit einem großen schweren Messer sehr fein hacken. Getrocknete Äpfel und Pflaumen in sehr kleine Würfel schneiden. Eier mit den Rührbesen des Handrührgerätes sehr schaumig schlagen, dabei nach und nach das Zuckerrohrgranulat einrieseln lassen. So lange weiterschlagen, bis sich das Zuckerrohrgranulat gelöst hat. Hirschhornsalz mit wenig kaltem Wasser anrühren und mit den Trockenfrüchten und den Mandeln unter die Eiermasse rühren. Mehl mit Zimt, Nelken, Muskat und Kardamom mischen und ebenfalls unterrühren. Masse auf den Backoblaten verstreichen und diese auf ein Backblech geben. Lebkuchen im vorgeheizten Backofen auf der mittleren Schiene bei 160 °C etwa 25 Minuten backen, bis sie schön gebräunt sind. Dann vom Blech heben und auf einem Kuchengitter auskühlen lassen.

Anmerkung: Diese Lebkuchen sind anfangs hart. Man sollte sie deshalb etwa zwei Wochen in einer gut verschlossenen Blechdose aufbewahren, bevor man sie ißt.

Elisenlebkuchen

Zutaten für etwa 30 Stück
75 g getrocknete ungeschwefelte Birnen
125 g Mandeln · 125 g Haselnüsse · 3 große Eier
120 g Zuckerrohrgranulat · 2 TL gemahlene Vanille
60 g feingemahlener Weizen oder Dinkel
1 Msp Weinstein-Backpulver · ½ TL Zimtpulver
je 1 Prise gemahlener Anis, Nelkenpfeffer, Kardamom und Koriander
1 EL weißer Rum oder Orangensaft · Butter für das Blech
30 g Butter · 3 EL Honig · 1 TL Zitronen- oder Orangensaft
1 TL Carobenpulver

Birnen in sehr kleine Würfel schneiden. Mandeln und Haselnüsse ungeschält in der Mandelmühle fein reiben. Eier mit den Rührbesen des Handrührgerätes sehr schaumig schlagen, dabei nach und nach das Zuckerrohrgranulat und die Vanille einrieseln lassen. Die Masse so lange weiterrühren, bis sich das Zuckerrohrgranulat gelöst hat. Mehl mit Backpulver, Nüssen, den Birnenwürfeln, Zimt, Anis, Nelken, Kardamom und Koriander mischen und mit dem Rum oder Orangensaft auf die Eiercreme geben. Alles mit einem Schneebesen vorsichtig mischen. Ein Backblech gründlich mit Butter ausstreichen. Teighäufchen von etwa 7 cm Durchmesser auf das Blech geben und diese im vorgeheizten Backofen bei 160 °C auf der mittleren Schiene etwa 30 Minuten backen. Inzwischen für die Glasur die Butter mit dem Honig und dem Zitronen- oder Orangensaft in einem Topf erhitzen, bis die Butter geschmolzen ist. Die Hälfte der Glasur mit dem Carobenpulver dunkler färben. Die gebackenen Lebkuchen sofort vom Blech lösen und auf ein Kuchengitter geben. Die Hälfte der Lebkuchen mit der hellen Glasur, die restlichen mit der dunklen

Glasur bestreichen und die Lebkuchen vollkommen auskühlen lassen.

Anmerkung: Zusätzlich können Sie die Elisenlebkuchen noch mit ganzen geschälten Mandeln oder auch Kürbiskernen verzieren.

Gefüllte Lebkuchen

Zutaten für etwa 60 Stück
150 g heller Honig · 100 g Butter · 3–4 EL Milch
500 g feingemahlener Weizen
1 Päckchen Weinstein-Backpulver · 1 großes Ei
1 Prise Salz · 1 EL weißer Rum oder Zitronensaft
½ TL Nelkenpfeffer · 1 Prise Ingwerpulver
2 TL Carobenpulver
abgeriebene Schale von 1 unbehandelten Zitrone
100 g Ahornsirup · 1 EL Carobenpulver
200 g feingemahlene Haselnüsse · 1 TL Zimtpulver
250 g Korinthen · 2 EL Mandellikör oder 1 EL Zitronensaft
Mehl für die Arbeitsfläche · Butter für das Blech
1 Eigelb · 1–2 EL Milch oder süße Sahne

Honig mit der Butter und der Milch in einem Topf unter ständigem Rühren erwärmen, bis die Butter geschmolzen ist. Dann in eine Schüssel geben und handwarm abkühlen lassen. Mehl mit Backpulver mischen und mit dem Ei, Salz, Rum oder Zitronensaft, Nelkenpfeffer, Ingwerpulver, Carobenpulver und Zitronenschale zu der Honigmasse in die Schüssel geben. Alles mit den Knethaken des Handrührgerätes zu einem geschmeidigen, aber formbaren Teig verkneten. Sollte der Teig zu fest sein, noch etwas

Milch unterarbeiten, ist er dagegen zu weich, noch etwas Mehl unterkneten. Für die Füllung den Ahornsirup mit dem Carobenpulver, den Haselnüssen, dem Zimt, den Korinthen und dem Mandellikör oder Zitronensaft verrühren. Lebkuchenteig halbieren und auf der leicht bemehlten Arbeitsfläche jeweils zu einer Platte in der Größe des Backblechs ausrollen. Das Backblech gründlich mit Butter ausstreichen. Eine Teigplatte daraufgeben und diese gleichmäßig mit der Füllung bestreichen. Die zweite Teigplatte darüber decken. Das Eigelb mit der Milch oder Sahne verquirlen und die Teigplatte damit bestreichen. Den Lebkuchen im vorgeheizten Backofen bei 180 °C auf der mittleren Schiene etwa 35 Minuten backen. Dann die Stäbchenprobe machen: Wenn an einem Holzstäbchen, mit dem man in die Mitte der Teigplatte sticht, beim Herausziehen keine feuchten Teigreste mehr haften, ist der Lebkuchen fertig. Den Kuchen aus dem Ofen nehmen und auf dem Blech in gleich große Stücke schneiden. Die Stücke vom Blech lösen und auf einem Kuchengitter vollkommen auskühlen lassen. Die gefüllten Lebkuchen in einer Blechdose aufbewahren.

Mandellebkuchen mit getrockneten Bananen

Zutaten für etwa 20 Stück

150 g getrocknete ungeschwefelte Bananen

100 g Korinthen · 2–3 EL Mandellikör oder Zitronensaft

300 g Mandeln · 5 mittelgroße Eier · 80 g Zuckerrohrgranulat

50 g ungesüßtes Hagebuttenmark (Naturkostladen oder Reformhaus)

abgeriebene Schale von je 1 unbehandelten Zitrone und Orange

½ EL Zimtpulver · 1 Prise Nelkenpfeffer

½ TL Ingwerpulver · 1 Msp geriebene Muskatnuß

1 Prise Salz · Butter für das Blech

Bananen in sehr kleine Würfel schneiden und mit den Korinthen und dem Mandellikör oder Zitronensaft in einem kleinen Schälchen mischen. Zugedeckt etwa 1 Stunde ziehen lassen. Inzwischen die Mandeln mit kochendheißem Wasser überbrühen, kurz darin ziehen lassen, kalt abschrecken und die Häute abziehen. Mandeln mit einem Küchentuch gründlich abtrocknen. Etwa 30 ganze Mandeln zum Garnieren beiseite legen. Die Hälfte der restlichen Mandeln in der Mandelmühle fein reiben, die übrigen Mandeln mit einem großen schweren Messer fein hacken. Die Eier mit den Rührbesen des Handrührgerätes sehr schaumig schlagen, dabei nach und nach das Zuckerrohrgranulat, das Hagebuttenmark, Zitronen- und Orangenschale, Zimt, Nelkenpfeffer, Ingwerpulver, Muskat und Salz dazugeben. Geriebene und gehackte Mandeln sowie die Bananen und Korinthen (gegebenfalls abgetropft) daraufgeben und mit einem Schneebesen untermischen. Ein Backblech mit etwas Butter ausstreichen. Von der Lebkuchenmasse jeweils 1 EL abnehmen und auf das Blech geben. Die Lebkuchen mit je einer Mandel verzieren und im vorgeheizten Backofen auf der mittleren Schiene bei 180 °C etwa 30 Minuten backen. Dann sofort vom Blech lösen und auf einem Kuchengitter nebeneinander auskühlen lassen.

Honiglebkuchen

Zutaten für etwa 35 Stück

100 g getrocknete ungeschwefelte Pflaumen
150 g Mandeln · 250 g heller Honig · 50 g Butter
4–5 EL Milch · 3 große Eier
abgeriebene Schale von 1 unbehandelten Zitrone
½ TL Zimtpulver · 1 Prise Salz · 1 Msp geriebener Muskat
¼ TL Nelkenpfeffer · 1–2 TL gemahlene Vanille
350 g feingemahlener Weizen
150 g feingemahlener Buchweizen
1 Päckchen Weinstein-Backpulver · Mehl für die Arbeitsfläche
Butter für das Blech

Die Pflaumen gegebenenfalls entsteinen, dann in sehr kleine Würfel schneiden. Die Mandeln mit kochendheißem Wasser überbrühen, kurz darin ziehen lassen, kalt abschrecken und häuten. Mandeln mit einem Küchentuch gründlich abtrocknen, dann die Hälfte davon in sehr feine Stifte schneiden und die restlichen Mandeln längs halbieren. Den Honig mit der Butter und etwa 2 EL Milch in einem Topf unter ständigem Rühren erhitzen, bis die Butter geschmolzen ist. Dann wieder abkühlen lassen und anschließend die Eier mit Zitronenschale, Zimt, Salz, Muskat, Nelkenpfeffer und Vanille sowie den Mandelstiften und den Pflaumenwürfeln unterrühren. Beide Mehlsorten mit dem Backpulver mischen und darübersieben. Alles mit den Knethaken des Handrührgerätes zu einem geschmeidigen, glatten, aber festen Teig verkneten. Sollte der Teig zu fest sein, noch die restliche Milch unterkneten. Den Teig auf einer leicht bemehlten Arbeitsfläche etwa ½ cm dick ausrollen und gleich große Rechtecke darausschneiden. Ein Backblech einfetten und die Lebkuchen darauflegen. Mit den Mandelhälften verzieren und im vorgeheizten Backofen auf der mittleren Schiene bei 220 °C etwa 15 Minuten backen. Lebkuchen sofort vom Blech lösen und auf einem Kuchengitter auskühlen lassen. In einer Blechdose aufbewahren.

Anmerkung: Diese Lebkuchen kann man – solange sie noch heiß sind – mit einer Glasur aus Butter und Ahorn- oder Sanddornsirup bestreichen.

Pflastersteine

Zutaten für etwa 60 Stück
350 g heller Honig · 100 g Butter · 500 g feingemahlener Weizen
75 g ungeschälte feingehackte Mandeln
abgeriebene Schale von 1 unbehandelten Zitrone
½ TL Zimtpulver
je 1 Prise gemahlene Fenchelsamen, Anispulver, Ingwerpulver, Nelkenpfeffer und gemahlener Kardamom
10 g Pottasche · 2 EL weißer Rum oder Zitronensaft
Mehl für die Arbeitsfläche · Butter für das Blech
30 g Butter · 3 EL Honig
1 EL Zitronen- oder Orangensaft

Den Honig und die Butter in einem Topf unter Rühren so lange erhitzen, bis die Butter geschmolzen ist. Dann vom Herd nehmen und wieder abkühlen lassen. Das Mehl, die Mandeln, die Zitronenschale, Zimt, Fenchel, Anis, Ingwer, Nelkenpfeffer und Kardamom sowie die in dem Rum oder Zitronensaft aufgelöste Pottasche unterkneten. Teig auf der leicht bemehlten Arbeitsfläche durchkneten, bis er glatt und geschmeidig ist. Sollte der Teig zu fest sein, noch etwas Wasser oder Milch unterkneten. Teig zugedeckt an einem warmen Ort zwei bis vier Tage ruhen lassen. Teig dann mit bemehlten Händen zu Kugeln formen. Ein Backblech mit Butter ausstreichen und mit wenig Mehl bestäuben. Die Teigkugeln darauflegen und etwas flachdrücken. Pflastersteine im vorgeheizten Backofen bei 180 °C etwa 15 Minuten bakken. Inzwischen die Butter mit dem Honig bei schwacher Hitze unter Rühren schmelzen lassen. Zitronen- oder Orangensaft untermischen. Die fertigen Pflastersteine vom Blech lösen, auf ein Kuchengitter geben und mit dem Guß bestreichen. Pflastersteine vollkommen auskühlen lassen und dann in einer Blechdose ein bis zwei Wochen aufbewahren, damit sie weich werden.

Anmerkung: Sie können in die Blechdose zusätzlich ein Stück Apfel oder Orangenschale geben. Die Pflastersteine nehmen dieses Aroma dann ein wenig an.

Schlesisches Honiggebäck

Zutaten für etwa 100 Stück

250 g heller Honig · 50 g Apfelkraut

⅛ l Sonnenblumenöl · etwa ⅛ l Milch

700 g feingemahlener Weizen

200 g feingemahlener Hafer · 10 g Pottasche

1 EL Wasser · 4 Eier

je 1 TL Zimtpulver, gemahlener Kardamom und Nelkenpfeffer

3 EL weißer Rum oder Orangensaft

75 g feingehackte geschälte Mandeln

Mehl für die Arbeitsfläche

Butter und Mehl für das Blech

75 g ungeschälte Sesamsamen

Honig mit Apfelkraut, Sonnenblumenöl und Milch in einem Topf unter ständigem Rühren erhitzen, bis sich alles zu einer glatten Masse verbunden hat. Etwas abkühlen lassen, dann mit der Hälfte der beiden Mehlsorten mischen. Pottasche mit dem Wasser anrühren. Mit Eiern, Zimt, Kardamom, Nelkenpfeffer, Rum oder Orangensaft und Mandeln zu der Honigmasse geben. Restliches Mehl dazugeben und alles mit den Knethaken des Handrührgerätes zu einem glatten Teig vermischen. Dann auf die bemehlte Arbeitsfläche geben und mit den Händen kräftig durchkneten. Sollte der Teig zu fest sein, noch etwas Milch untermischen. Teig zur Kugel formen und in Folie gewickelt etwa 3 Stunden in den Kühlschrank stellen. Dann noch einmal durchkneten und auf der bemehlten Arbeitsfläche etwa ½ cm dick ausrollen. Teig mit beliebigen Förmchen ausstechen, die Förmchen dabei immer wieder in Mehl tauchen. Ein Backblech mit Butter ausstreichen und mit wenig Mehl bestäuben. Die Plätzchen darauflegen und mit den Sesamsamen bestreuen. Diese etwas andrükken und die Plätzchen im vorgeheizten Backofen bei 180 °C auf der mittleren Schiene etwa 15 Minuten backen. Dann sofort vom Blech lösen und auf einem Kuchengitter auskühlen lassen.

Basler Leckerli

Zutaten für etwa 70 Stück

Je 60 g getrocknete ungeschwefelte Aprikosen oder Bananen

280 g flüssiger Honig · 150 ccm geschmacksneutrales Pflanzenöl

2 TL Zimtpulver · 1 TL Nelkenpfeffer

300 g ungeschälte feingeriebene Mandeln · 1 TL Pottasche

60 g feingemahlener Weizen · etwa 1/8 l Kirschwasser oder Milch

Butter für das Blech

Trockenfrüchte sehr klein würfeln. Honig mit Öl, Zimt, Nelkenpfeffer, Mandeln und Trockenfrüchten gründlich mischen. Pottasche in etwa 2 EL kaltem Wasser auflösen und abwechselnd mit dem Weizenmehl und dem Kirschwasser oder Milch unter die Honigmasse kneten. Der Teig soll fest, aber geschmeidig sein. Ist er zu trocken, noch etwas Milch unterkneten. Den Teig zugedeckt über Nacht ruhen lassen. Dann ein Backblech mit Butter ausstreichen und den Teig darauf ausrollen. Sollte der Teig inzwischen zu fest geworden sein, noch etwas Milch unterkneten. Teigplatte im vorgeheizten Backofen bei 200 °C auf der mittleren Schiene etwa 20 Minuten backen. Dann noch warm in Rechtecke oder Dreiecke schneiden, vom Blech lösen und auf einem Kuchengitter auskühlen lassen.

Pfeffernüsse

Zutaten für etwa 45 Stück
100 g Butter · 80 g Honig · 30 g Zuckerrohrgranulat
2–3 EL Orangensaft · 200 g feingemahlener Dinkel
½ Päckchen Weinstein-Backpulver
abgeriebene Schale von 1 unbehandelten Zitrone · 1 Prise Salz
je 1 Prise Zimtpulver, geriebene Muskatnuß, frisch gemahlener weißer Pfeffer und Ingwerpulver
Butter für das Blech · 20 g Butter
2 EL Ahornsirup · 1 TL Zitronensaft

Die Butter mit dem Honig, dem Zuckerrohrgranulat und dem Orangensaft in einem Topf unter ständigem Rühren erhitzen, bis die Butter geschmolzen und das Zuckerrohrgranulat gelöst ist. Das Dinkelmehl mit dem Backpulver, Zitronenschale, Salz, Zimt, Muskat, Pfeffer und Ingwerpulver mischen. Die Honigmasse dazugeben und alles mit den Knethaken des Handrührgerätes zu einem geschmeidigen Teig verkneten. Sollte der Teig zu fest sein, noch etwas Wasser unterkneten. Ein Backblech gründlich mit Butter ausstreichen. Aus dem Teig Kugeln formen und diese auf das Backblech setzen. Die Pfeffernüsse im vorgeheizten Backofen bei 180 °C auf der mittleren Schiene etwa 20 Minuten backen. Inzwischen die Butter mit dem Ahornsirup und dem Zitronensaft bei schwacher Hitze schmelzen lassen. Die gebackenen Pfeffernüsse vom Blech heben, auf ein Kuchengitter legen und mit dem Guß bestreichen. Die Pfeffernüsse vollkommen auskühlen lassen, dann in einer Blechdose einige Tage aufbewahren, damit sie weich werden.

Honigkuchenherzen

Zutaten für etwa 50 Stück
250 g heller Honig · 100 g Butter · 1 Ei
500 g feingemahlener Weizen oder Dinkel · 1 TL Zimtpulver
½ TL Ingwerpulver · ¼ TL Nelkenpfeffer
1 Prise geriebene Muskatnuß
1 EL weißer Rum oder Orangensaft · Mehl für die Arbeitsfläche
Butter für das Blech
100 g Honigschokolade (Naturkostladen oder Reformhaus)

Honig mit Butter in einem Topf unter ständigem Rühren erhitzen, bis die Butter geschmolzen ist. Dann vom Herd ziehen und wieder abkühlen lassen. Das Ei unterrühren. Weizen- oder Dinkelmehl mit Zimt, Ingwer, Nelken und Muskat mischen und mit dem Rum oder Orangensaft zu der Honigmasse geben. Alles mit den Knethaken des Handrührgerätes zu einem geschmeidigen, glatten, aber nicht zu weichen Teig verkneten. Sollte der Teig zu fest sein, noch etwas Wasser oder Milch unterkneten. Teig auf der gut bemehlten Arbeitsfläche etwa ½ cm dick ausrollen und mit einem Herzförmchen ausstechen. Ein Backblech mit Butter ausstreichen. Die Honigkuchenherzen darauflegen und im vorgeheizten Backofen bei 220 °C auf der mittleren Schiene etwa 15 Minuten backen. Dann sofort vom Blech lösen und auf einem Kuchengitter auskühlen lassen. Die Schokolade in kleine Stückchen brechen und in einem Schälchen im heißen Wasserbad schmelzen lassen. Die Honigkuchenherzen damit bestreichen und die Glasur fest werden lassen. Die Plätzchen in einer Blechdose aufbewahren.

Honigschnitten

(Foto Seite 32)

Zutaten für etwa 25 Stück
250 g Honig · 100 g Butter · 75 ccm Milch · 150 g Mandeln
1 Ei · 500 g feingemahlener Weizen · 1 TL Zimtpulver
abgeriebene Schale von 1 unbehandelten Zitrone
2 EL Rum oder Orangensaft · Butter für das Blech
4 EL Ahornsirup · 1 EL Orangen- oder Zitronensaft

Honig mit Butter und Milch in einen Topf geben und unter Rühren erhitzen, bis die Butter geschmolzen ist. Dann vom Herd ziehen und abkühlen lassen. Inzwischen die Mandeln mit kochendheißem Wasser überbrühen, kurz darin ziehen lassen, kalt abschrecken und die Häute abziehen. Die Mandeln mit einem Küchentuch trockenreiben und beiseite stellen. Ei unter die Honigmasse rühren. Mehl mit Zimt und Zitronenschale mischen und mit dem Rum oder Orangensaft mit den Knethaken des Handrührgerätes gründlich mit der Honigmasse verkneten. Ein Backblech mit wenig Butter ausstreichen. Honigteig mit einem Teigschaber glatt darauf verstreichen und mit den geschälten Mandeln belegen. Teigplatte im vorgeheizten Backofen bei 180°C auf der mittleren Schiene etwa 20 Minuten backen. Inzwischen Butter mit Ahornsirup erhitzen, bis die Butter geschmolzen ist. Die heiße Teigplatte mit der Glasur bestreichen, in rechteckige Stücke schneiden, vom Backblech heben und auf einem Kuchengitter auskühlen lassen.

Anmerkung: Honig abzuwiegen, ist meist ein bißchen schwierig, da er zum Teil in der Schüssel der Waage kleben bleibt. Am besten wiegen Sie zuerst den Topf und geben dann den Honig zu.

Nürnberger Busserl

Zutaten für etwa 100 Stück

60 g getrocknete ungeschwefelte Aprikosen · 4 Eier

80 g Zuckerrohrgranulat · 250 g flüssiger Honig

50 g feingemahlene Mandeln · 800 g feingemahlener Weizen

200 g feingemahlener Buchweizen

1 Päckchen Weinstein-Backpulver · 1 TL Zimtpulver

1 Prise Nelkenpfeffer · etwa ⅛ l Milch

Butter für das Blech

Aprikosen in sehr kleine Würfel schneiden. Eier mit dem Zuckerrohrgranulat mit den Rührbesen des Handrührgerätes sehr schaumig schlagen. Den Honig unter weiterem Rühren zufließen lassen. Mandeln mit beiden Mehlsorten, Backpulver, Zimt und Nelkenpfeffer mischen und zusammen mit den Aprikosen mit den Knethaken des Handrührgerätes oder den Händen unter den Teig kneten. Dabei so viel Milch zugeben, daß ein geschmeidiger, relativ fester Teig entsteht. Ein Backblech gründlich mit Butter ausstreichen. Aus dem Teig mit angefeuchteten Händen Kugeln formen, diese auf das Backblech legen und etwas flachdrücken. Busserl im vorgeheizten Backofen bei 180 °C auf der mittleren Schiene etwa 20 Minuten backen, bis sie schön gebräunt sind. Dann vom Blech lösen und auskühlen lassen.

Nußprinten

Zutaten für etwa 70 Stück

200 g Honig · 80 g Zuckerrohrgranulat · 80 g Butter
3 Eier · 150 g feingemahlene Mandeln
je 1 Msp gemahlene Muskatblüte, Kardamom und Nelkenpfeffer
1 TL Zimtpulver · 400 g feingemahlener Weizen
100 g feingemahlener Roggen · 1 Päckchen Weinstein-Backpulver
Butter und Mehl für das Blech

Honig mit Zuckerrohrgranulat und Butter in einem Topf bei schwacher Hitze unter Rühren erwärmen, bis die Butter zerlaufen ist. Die Masse wieder abkühlen lassen. Dann mit den Eiern, den Mandeln und den Gewürzen verrühren. Beide Mehlsorten mit dem Backpulver mischen und unter die Honigmasse mengen. Ein Backblech mit Butter bestreichen und mit etwas Mehl bestäuben. Den Teig daraufgeben und mit einem angefeuchteten Teigschaber gleichmäßig verstreichen. Die Nußprinten im vorgeheizten Backofen bei 180 °C etwa 20 Minuten backen, bis sie leicht gebräunt sind. Die Stäbchenprobe machen: Wenn an einem Holzstäbchen, das man in den Teig sticht, beim Herausziehen keine feuchten Teigreste mehr haften, ist der Teig durchgebacken. Teig auf dem Blech mit einem scharfen Messer in Rauten oder Würfel schneiden, vom Blech lösen und auskühlen lassen.

Saftige Stollen und weihnachtliche Kuchen

Christstollen

500 g feingemahlener Weizen
250 g feingemahlener Buchweizen · 1 Prise Salz
50 g frische Hefe · etwa ¼ l lauwarme Milch
80–100 g Zuckerrohrgranulat · 250 g Butter · 2 Eigelb
Schale von 1 unbehandelten Zitrone
250 g getrocknete ungeschwefelte Feigen · 50 g Korinthen
1 TL Zimtpulver · 3–4 EL Rum oder Orangensaft
100 g Mandeln · Mehl für die Arbeitsfläche
etwa 50 g Butter für das Blech und zum Bestreichen des Stollens
evtl. etwas Wildpfeilwurzelmehl zum Bestäuben

Beide Mehlsorten mit dem Salz in einer Schüssel mischen und in der Mitte eine Mulde formen. Hefe zerbröckeln und mit etwas Milch und 1 TL Zuckerrohrgranulat verrühren. Vorteig in die Mulde in der Schüssel geben und zugedeckt etwa 15 Minuten gehen lassen. Inzwischen Butter in einem Topf bei schwacher Hitze in der restlichen Milch zerlaufen lassen. Restliches Zuckerrohrgranulat, Milch, Eigelb und Zitronenschale zum Vorteig geben und alles mit den Knethaken des Handrührgerätes zu einem geschmeidigen, glatten Teig verkneten. Teig mit einem Tuch bedeckt in den Kühlschrank stellen und mindestens 2–3 Stunden oder aber über Nacht kalt gehen lassen. Inzwischen Feigen möglichst fein zerkleinern. Mit den Korinthen, dem Zimtpulver und dem Rum oder Orangensaft in einer kleinen Schüssel mischen und zugedeckt ziehen lassen. Mandeln mit kochendheißem Wasser überbrühen, kurz darin ziehen lassen, kalt abschrecken und die Schale abziehen. Mandeln trocknen lassen, dann in feine Stifte schneiden. Alle diese Zutaten unter den gegangenen Hefeteig kneten. Die Arbeitsfläche mit Mehl bestreuen und den Teig darauf zu einem Wecken formen. Wecken in der Mitte mit dem Nudelholz dünn ausrollen, so daß sich an beiden Längsseiten dicke Wülste bilden. Die Wülste jeweils nach innen klappen, so daß sie nebeneinander liegen und etwas festdrücken. Ein Backblech mit etwas Butter auspinseln und den Stollen darauflegen. Mit einem Tuch bedecken und noch einmal etwa 1 Stunde gehen lassen. Stollen dann im vorgeheizten Backofen auf der mittleren Schiene bei 180 °C etwa 1 Stunde backen. Stäbchenprobe machen: Wenn an einem Holzstäbchen, das man in die dickste Stelle des Stollens sticht, beim Herausziehen keine feuchten Teigreste mehr haften, ist der Stollen fertig. Die restliche Butter zerlassen und den Stollen sofort damit bestreichen. Stollen eventuell mit Wildpfeilwurzelmehl bestäuben und auskühlen lassen. Stollen in Alufolie wikkeln und vor dem Anschneiden einige Tage ruhen lassen.

Mohnstollen

600 g feingemahlener Weizen · 150 g Sojamehl vollfett
1 Prise Salz · 40 g frische Hefe · 100 g Zuckerrohrgranulat
gut ¾ l lauwarme Milch · 125 g Butter · 2 Eier
100 g grobgehackte Haselnüsse · 1–2 TL gemahlene Vanille
100 g Korinthen · 250 g gemahlener Mohn
abgeriebene Schale von 1 unbehandelten Zitrone
½ TL Zimtpulver · Mehl für die Arbeitsfläche
Butter für das Blech · Saft von ½ Orange
1 EL heller Honig

Beide Mehlsorten mit dem Salz in einer Schüssel mischen und in der Mitte eine Mulde formen. Hefe zerbröckeln und mit 1 TL Zuckerrohrgranulat, etwas Milch und wenig Mehl zu einem Vorteig verrühren. Diesen zugedeckt etwa 15 Minuten gehen lassen. Inzwischen die Butter bei schwacher Hitze in etwa ⅜ l Milch zerlaufen lassen. Mit der Hälfte des restlichen Zuckerrohrgranulats, den Eiern, den Haselnüssen und der Vanille in die Schüssel geben und alles mit den Knethaken des Handrührgerätes zu einem geschmeidigen, glatten Teig verkneten. Den Teig mit einem Tuch bedeckt etwa 1 Stunde gehen lassen, bis er sein Volumen ungefähr verdoppelt hat. Inzwischen Korinthen mit Mohn, der restlichen Milch, dem restlichen Zuckerrohrgranulat, der Zitronenschale und dem Zimtpulver einmal aufkochen. Dann zugedeckt auf der abgeschalteten Kochplatte ausquellen und abkühlen lassen. Den gut aufgegangenen Hefeteig auf einer bemehlten Arbeitsfläche etwa 2 cm dick zu einem Rechteck ausrollen. Die Mohnfüllung mit einem Teigschaber gleichmäßig darauf verstreichen, dabei am Rand jeweils etwa 2 cm freilassen. Die schmäleren Seiten nach innen klappen. Die Längsseiten ebenfalls nach innen klappen, so daß sie nebeneinander liegen. Diese etwas zusammendrücken.

Ein Backblech mit Butter auspinseln, den Stollen vorsichtig darauflegen und zugedeckt weitere 30 Minuten gehen lassen. Stollen dann im vorgeheizten Backofen auf der mittleren Schiene bei 180 °C etwa 1 Stunde backen. Stäbchenprobe machen: Wenn an einem Holzstäbchen, mit dem man in die dickste Stelle des Stollens sticht, beim Herausziehen keine feuchten Teigreste mehr haften, ist der Stollen fertig. Orangensaft mit dem Honig glattrühren, erhitzen und den noch heißen Stollen damit bestreichen. Stollen auf einem Kuchengitter vollkommen auskühlen lassen, dann in Alufolie wickeln und vor dem Anschneiden einige Tage ruhen lassen.

Anmerkung: Mohn kann man am besten in der Kaffeemühle oder auch in einigen elektrischen Küchengeräten mahlen. Außerdem gibt es Getreidemühlen, mit denen man auch ölhaltige Samen mahlen kann.

Aprikosen-Vanille-Stollen

500 g feingemahlener Weizen

250 g feingemahlener Naturreis · 1 Prise Salz

50 g frische Hefe · etwa ¼ l lauwarme Milch

100 g Ahornsirup · 250 g Butter

2 Eigelb · Schale von 1 unbehandelten Orange oder Zitrone

4 TL gemahlene Vanille

300 g getrocknete ungeschwefelte Aprikosen

1 Prise Ingwerpulver · 1 Msp Nelkenpfeffer

3–4 EL Mandellikör oder Orangensaft

100 g Sonnenblumenkerne · Mehl für die Arbeitsfläche

etwa 50 g Butter für das Blech und zum Bestreichen des Stollens

evtl. etwas Wildpfeilwurzelmehl und gemahlene ungesalzene Pistazien zum Bestreuen

Beide Mehlsorten mit dem Salz in einer Schüssel mischen und in der Mitte eine Mulde formen. Hefe zerbröckeln und mit etwas Milch und 1 TL Ahornsirup verrühren. Vorteig in die Mulde geben und zugedeckt an einem warmen Ort etwa 15 Minuten gehen lassen. Inzwischen Butter in einem Topf bei schwacher Hitze in der restlichen Milch zerlaufen lassen. Restlichen Ahornsirup, Butter-Milch-Gemisch, Eigelb, Orangen- oder Zitronenschale und Vanille zum Vorteig geben und alles mit den Knethaken des Handrührgerätes zu einem geschmeidigen, glatten Teig verkneten. Teig mit einem Tuch bedeckt an einem warmen Ort etwa 1½ Stunden gehen lassen, bis er sein Volumen ungefähr verdoppelt hat. Inzwischen Aprikosen in kleine Stücke schneiden und mit dem Ingwer und dem Nelkenpfeffer in einem kleinen Schälchen mischen. Mandellikör oder Orangensaft unterrühren und alles zugedeckt ziehen lassen. Sonnenblumenkerne mit einem großen, schweren

Fünfkorn-Gewürzplätzchen (Rezept S. 80)

Früchtekuchen (Rezept S. 116)

Messer grob zerkleinern. Die Aprikosenmischung und die Sonnenblumenkerne unter den gut gegangenen Hefeteig kneten. Die Arbeitsfläche mit Mehl bestäuben und den Teig darauf zu einem Wecken formen. Wecken in der Mitte mit einem Nudelholz dünn ausrollen, so daß sich an beiden Längsseiten dicke Wülste bilden. Die Wülste jeweils nach innen klappen, so daß sie nebeneinander liegen und etwas zusammendrücken. Ein Backblech mit etwas Butter ausstreichen und den Stollen darauflegen. Erneut mit einem Tuch bedecken und noch einmal etwa 30 Minuten gehen lassen. Stollen dann im vorgeheizten Backofen bei 180 °C auf der mittleren Schiene etwa 1 Stunde backen. Stäbchenprobe machen: Wenn an einem Holzstäbchen, mit dem man in die dickste Stelle des Stollens sticht, beim Herausziehen keine feuchten Teigreste mehr haften, ist der Stollen fertig. Den Stollen herausnehmen und auf ein Kuchengitter legen. Die restliche Butter zerlassen und den Stollen gleichmäßig damit bestreichen. Nach Wunsch etwas Wildpfeilwurzelmehl mit gemahlenen Pistazien mischen und den Stollen damit bestreuen. Stollen vollkommen auskühlen lassen, dann in Alufolie wickeln und vor dem Anschneiden einige Tage ruhen lassen.

Quarkstollen

500 g feingemahlener Weizen
200 g feingemahlener Hafer · 100 g feingemahlene Mandeln
1 Prise Salz · 40 g frische Hefe · 100 g Ahornsirup
etwa 200 ccm lauwarme Milch · 100 g Butter
500 g zimmerwarmer trockener Quark oder Schichtkäse · 2 Eier
100 g getrocknete ungeschwefelte Aprikosen
100 g Korinthen · 3–4 EL Mandellikör oder Orangensaft
abgeriebene Schale von 1 unbehandelten Zitrone
etwas Mehl für die Arbeitsfläche
50 g Butter für das Blech und zum Bestreichen des Stollens
evtl. etwas Wildpfeilwurzelmehl zum Bestäuben

Beide Mehlsorten mit den Mandeln und dem Salz in eine Schüssel geben und in der Mitte eine Mulde formen. Hefe zerbröckeln und in einem Schälchen mit 1 TL Ahornsirup, etwas Milch und wenig Mehl zu einem Vorteig verrühren. In die Mulde geben und zugedeckt etwa 15 Minuten gehen lassen. Inzwischen Butter in der restlichen Milch bei schwacher Hitze zerlaufen lassen. Mit dem restlichen Ahornsirup, Quark oder Schichtkäse und Eiern in die Schüssel geben und alles mit den Knethaken des Handrührgerätes zu einem glatten, geschmeidigen, aber nicht zu weichen Teig verkneten. Mit einem Tuch bedeckt etwa 1 Stunde an einem warmen Ort gehen lassen. Inzwischen Aprikosen in kleine Würfel schneiden. Mit den Korinthen, dem Mandellikör oder Orangensaft, der Zitronenschale und etwa 4 EL Wasser einmal aufkochen, danach zugedeckt ziehen lassen; die Flüssigkeit sollte dann aufgesogen sein. Diese Mischung unter den gut aufgegangenen Hefeteig kneten. Arbeitsfläche mit etwas Mehl bestäuben und den Teig darauf zu einem Wecken formen. Wecken in der Mitte mit einem Nudelholz so dünn ausrollen, daß sich an beiden

Längsseiten dicke Wülste bilden. Die Wülste jeweils nach innen klappen, so daß sie nebeneinander liegen und etwas andrücken. Ein Backblech mit wenig Butter ausstreichen, den Stollen darauflegen und zugedeckt weitere 30 Minuten gehen lassen. Dann im vorgeheizten Backofen bei 180 °C auf der mittleren Schiene etwa 1 Stunde backen. Stäbchenprobe machen: Wenn an einem Holzstäbchen, mit dem man in die dickste Stelle des Stollens sticht, beim Herausziehen keine feuchten Teigreste mehr haften, ist der Stollen fertig. Die restliche Butter zerlaufen lassen und den heißen Stollen damit bestreichen. Stollen nach Wunsch mit Wildpfeilwurzelmehl bestäuben und auskühlen lassen. Dann in Alufolie wickeln und vor dem Anschneiden einige Tage ruhen lassen.

Früchtebrot

Je 150 g getrocknete ungeschwefelte Äpfel, Birnen, Pflaumen und Aprikosen
je 100 g getrocknete ungeschwefelte Datteln und Feigen
100 g Korinthen · 100 g Walnußkerne · 150 g Haselnüsse
3–4 EL Kirschwasser oder Zitronensaft
500 g feingemahlener Weizen · 150 g feingemahlener Roggen
1 Prise Salz · 60 g frische Hefe · 3 EL Zuckerrohrgranulat
etwa 3/8 l lauwarme Milch · 50 g Butter
je etwa 1 TL Zimtpulver und gemahlene Vanille
einige geschälte halbierte Mandeln zum Belegen
Mehl für die Arbeitsfläche · etwas Butter für das Blech

Trockenfrüchte gegebenenfalls entsteinen, dann klein würfeln. Mit den Korinthen in einer Schüssel mischen, mit lauwarmem Wasser bedecken und über Nacht zugedeckt einweichen. Am nächsten Tag die Früchte mit dem Einweichwasser zum Kochen bringen und zugedeckt bei schwacher Hitze etwa 20 Minuten köcheln lassen. Inzwischen die Walnüsse und die Haselnüsse auf einem Holzbrett mit einem großen, schweren Messer grob hacken. Trockenfrüchte abgießen, das Kochwasser dabei auffangen und beiseite stellen. Trockenfrüchte mit den Nüssen und dem Kirschwasser oder Zitronensaft mischen und ebenfalls beiseite stellen. Für den Teig beide Mehlsorten mit Salz in einer Schüssel mischen und in der Mitte eine Mulde formen. Hefe zerbröckeln und in der Mulde mit 1 TL Zuckerrohrgranulat, etwas Milch und wenig Mehl zu einem Vorteig verrühren und zugedeckt etwa 15 Minuten gehen lassen. Butter in der restlichen Milch bei schwacher Hitze zerlaufen lassen. Mit dem restlichen Zuckerrohrgranulat, dem Zimtpulver und der Vanille zum Vorteig geben und alles mit den Knethaken des Handrührgerätes zu einem glatten, geschmeidigen Teig verkneten. Teig mit einem Tuch bedeckt etwa 1 Stunde gehen lassen, bis er ungefähr das doppelte Volumen hat. Etwa ¼ des Teiges abnehmen und auf der bemehlten Arbeitsfläche dünn ausrollen. Unter den restlichen Teig die Trockenfrüchte kneten. Diesen Teig zu einem Laib formen, auf die aufgerollte Teigplatte legen und damit umhüllen. Ein Backblech mit Butter auspinseln, das Früchtebrot darauflegen und weitere 30 Minuten gehen lassen. Früchtebrot mit den Mandelhälften verzieren und im vorgeheizten Backofen auf der mittleren Schiene bei 180 °C etwa 1½ Stunden backen. Dabei mehrmals mit der Kochflüssigkeit der Trockenfrüchte bepinseln. Früchtebrot auf einem Kuchengitter vollkommen auskühlen lassen und in Folie gewickelt vor dem Anschneiden einige Tage ruhen lassen. Im Kühlschrank aufbewahrt hält sich das Früchtebrot etwa 2 Monate.

Korinthen-Pistazien-Stollen

500 g feingemahlener Weizen

250 g feingemahlener Hafer · 1 Prise Salz

50 g frische Hefe · etwa ¼ l lauwarme Milch

100 g flüssiger Honig · 250 g Butter · 2 Eigelb

je 1 Prise Nelkenpfeffer, Kardamom, Zimtpulver und gemahlener Anis

250 g Korinthen · 3 EL Anisschnaps oder Zitronensaft

150 g geschälte ungesalzene Pistazien

abgeriebene Schale von 1 unbehandelten Zitrone

Mehl für die Arbeitsfläche

etwa 50 g Butter für das Blech und zum Bestreichen des Stollens

evtl. etwas Wildpfeilwurzelmehl zum Bestäuben

Beide Mehlsorten mit dem Salz in einer Schüssel mischen und in der Mitte eine Mulde formen. Hefe zerbröckeln und mit etwas Milch und 1 TL Honig verrühren. Vorteig in die Mulde in der Schüssel geben und zugedeckt etwa 15 Minuten gehen lassen. Inzwischen Butter in einem Topf bei schwacher Hitze in der restlichen Milch zerlaufen lassen. Restlichen Honig, Milch, Eigelb und alle Gewürze zum Vorteig geben und alles mit den Knethaken des Handrührgerätes zu einem geschmeidigen, glatten Teig verkneten. Teig mit einem Tuch bedeckt in den Kühlschrank stellen und mindestens 2–3 Stunden oder aber über Nacht kalt gehen lassen. Inzwischen die Korinthen mit heißem Wasser überbrühen, abtropfen lassen, mit dem Anisschnaps oder dem Zitronensaft in einer Schüssel mischen und zugedeckt ziehen lassen. Pistazien mit einem großen schweren Messer grob hacken. Mit den Korinthen und der Zitronenschale unter den gut aufgegangenen Hefeteig mischen. Arbeitsfläche mit Mehl bestäuben und den Teig darauf zu einem Wecken formen. Wecken in der Mitte mit dem Nudelholz dünn ausrollen, so daß sich an beiden Längsseiten dicke Wülste bilden. Die Wülste jeweils nach innen klappen, so daß sie nebeneinander liegen und etwas festdrücken. Ein Backblech mit etwas Butter ausstreichen und den Stollen darauflegen. Mit einem Tuch bedecken und noch einmal etwa 1 Stunde gehen lassen. Stollen dann im vorgeheizten Backofen auf der mittleren Schiene bei 180 °C etwa 1 Stunde backen. Stäbchenprobe machen: Wenn an einem Holzstäbchen, mit dem man in die dickste Stelle des Stollens sticht, beim Herausziehen keine feuchten Teigreste mehr haften, ist der Stollen fertig. Die restliche Butter zerlassen und den Stollen sofort damit bestreichen. Stollen eventuell mit Wildpfeilwurzelmehl bestäuben und auskühlen lassen. Stollen in Alufolie wickeln und vor dem Anschneiden einige Tage ruhen lassen.

Safran-Brot

500 g feingemahlener Weizen
100 g feingemahlene Hirse · 1 Prise Salz · 60 g frische Hefe
80 g Zuckerrohrgranulat · gut ¼ l lauwarme Milch
150 g Butter · 1 TL Safranfäden · 1 EL heißes Wasser
1 TL gemahlene Vanille · 2 Eier
150 g feingehackte ungesalzene Pistazien
Mehl für die Arbeitsfläche
etwa 50 g Butter für das Backblech und zum Bestreichen des Safran-Brotes

Beide Mehlsorten mit dem Salz in einer Schüssel vermischen und in der Mitte eine Mulde formen. Hefe zerbröckeln und mit 1 TL Zuckerrohrgranulat, etwas Milch und wenig Mehl vom Rand zu einem Vorteig verrühren. Mit einem Tuch bedecken und etwa

15 Minuten gehen lassen. Inzwischen die Butter in der restlichen Milch bei schwacher Hitze zerlaufen lassen. Safranfäden unter Rühren in dem heißen Wasser auflösen. Mit der Milch, dem restlichen Zuckerrohrgranulat, der Vanille, den Eiern und den Pistazien zum Vorteig geben und alles mit den Knethaken des Handrührgerätes zu einem geschmeidigen, glatten Teig verkneten. Teig mit dem Tuch bedeckt etwa 1 Stunde an einem warmen Ort gehen lassen, bis er sein Volumen ungefähr verdoppelt hat. Dann auf wenig Mehl noch einmal durchkneten und zu einem länglichen Laib formen. Ein Backblech mit etwas Butter ausstreichen, das Safranbrot darauflegen und zugedeckt weitere 30 Minuten gehen lassen. Brot dann im vorgeheizten Backofen auf der mittleren Schiene bei 180 °C etwa 70 Minuten backen. Dabei während der letzten 20 Minuten häufig mit der restlichen Butter bepinseln. Stäbchenprobe machen: Wenn an einem Holzstäbchen, mit dem man in die dickste Stelle des Brotes sticht, beim Herausziehen keine feuchten Teigreste mehr haften, ist das Safran-Brot fertig. Das Brot herausnehmen und auf einem Kuchengitter vollkommen auskühlen lassen.

Heferolle mit Trockenfrüchten

300 g feingemahlener Weizen
200 g feingemahlener Hafer · 1 Prise Salz · 40 g frische Hefe
50 g Zuckerrohrgranulat · etwa ¼ l lauwarme Milch
60 g Butter · 1 Ei
abgeriebene Schale von 1 unbehandelten Zitrone
je 100 g getrocknete ungeschwefelte Aprikosen, Äpfel und entsteinte Pflaumen
2 EL flüssiger Honig · 1 TL Zimtpulver
1 Becher Crème fraîche (200 g) · 1 EL Zitronensaft
100 g feingehackte Walnußkerne · Mehl zum Ausrollen
etwa 2 EL flüssige Butter für das Blech und zum Bestreichen
100 g ungesüßte Aprikosenmarmelade (Naturkostladen oder Reformhaus)
2 EL weißer Rum oder Zitronensaft

Beide Mehlsorten mit Salz in einer Schüssel mischen und in der Mitte eine Mulde formen. Hefe zerbröseln und mit 1 TL Zuckerrohrgranulat und etwas Milch zu einem Vorteig verrühren. Den Vorteig in die Mulde geben und zugedeckt an einem warmen Ort etwa 15 Minuten gehen lassen. Inzwischen Butter in der restlichen Milch in einem Topf bei schwacher Hitze schmelzen lassen. Mit dem restlichen Zuckerrohrgranulat, dem Ei und der Zitronenschale zum Vorteig geben und alles mit den Knethaken des Handrührgerätes zu einem geschmeidigen Teig verkneten. Teig zugedeckt an einem warmen Ort etwa 1 Stunde gehen lassen, bis er sein Volumen ungefähr verdoppelt hat. Inzwischen Trokkenfrüchte in sehr kleine Würfel schneiden. Mit dem Honig, dem Zimt, der Crème fraîche, dem Zitronensaft und den Walnüssen in einer Schüssel mischen und zugedeckt ziehen lassen. Den gut aufgegangenen Hefeteig auf einem mit Mehl bestäubten

Küchentuch etwa finderdick ausrollen und mit flüssiger Butter bestreichen. Die Füllung darauf verstreichen und die Teigplatte mit Hilfe des Tuches aufrollen. Ein Backblech mit Butter ausstreichen. Die Heferolle vorsichtig daraufgleiten lassen und zugedeckt weitere 30 Minuten gehen lassen. Teigrolle dann im vorgeheizten Backofen bei 180 °C auf der mittleren Schiene etwa 1 Stunde backen. Die Stäbchenprobe machen: Wenn an einem Holzstäbchen, das man in die Mitte der Rolle sticht, beim Herausziehen keine feuchten Teigreste mehr haften, ist die Rolle fertig. Heferolle aus dem Ofen nehmen und auf ein Kuchengitter geben. Aprikosenmarmelade mit dem Rum oder Zitronensaft in einem Topf erhitzen. Die noch warme Rolle damit bestreichen und anschließend vollkommen auskühlen lassen.

Walnuß-Honig-Kuchen

Zutaten für eine Kastenform von 30 cm Länge
150 g Butter · 1 Prise Salz
½ TL Zimtpulver · ½ TL Nelkenpfeffer
1 Prise Ingwerpulver · 1 Msp geriebene Muskatnuß
abgeriebene Schale von 1 unbehandelten Zitrone
150 g flüssiger Honig · 6 Eier · 250 g feingemahlener Weizen
2 TL Weinstein-Backpulver
200 g feingehackte Walnußkerne · Butter für die Form

Butter mit Salz, Zimt, Nelkenpfeffer, Ingwer, Muskat und Zitronenschale mit den Rührbesen des Handrührgerätes sehr schaumig schlagen. Honig unter weiterem Rühren einfließen lassen. Eier nacheinander gründlich unterrühren. Weizenmehl mit Backpulver und Walnüssen mischen und nach und nach unter den

Teig geben. Eine Kastenform gründlich mit Butter ausstreichen. Den Teig hineinfüllen und etwas glattstreichen. Kuchen im vorgeheizten Backofen bei 180 °C auf der unteren Schiene etwa 1 Stunde backen. Sollte der Kuchen dabei zu schnell braun werden, die Oberfläche mit Pergamentpapier abdecken. Stäbchenprobe machen: Wenn an einem Holzstäbchen, mit dem man in die Mitte des Kuchens sticht, beim Herausziehen keine feuchten Teigreste mehr haften, ist der Kuchen fertig. Kuchen aus dem Ofen nehmen und etwa 10 Minuten in der Form stehenlassen. Dann auf ein Kuchengitter stürzen und vollkommen auskühlen lassen. Kuchen vor dem Anschneiden einen Tag ruhen lassen.

Hefefladen mit Nußfüllung

(Foto Seite 120)

500 g Weizenvollkornmehl · 1 Prise Salz
40 g frische Hefe · 50 g Zuckerrohrgranulat
etwa ¼ l lauwarme Milch · 60 g Butter · 2 Eier
abgeriebene Schale von 1 unbehandelten Zitrone
100 g getrocknete ungeschwefelte Aprikosen
je 100 g Sonnenblumenkerne · Walnuß- und Haselnußkerne
2 EL flüssiger Honig · 1 TL Zimtpulver
200 g Crème fraîche · 1 EL Zitronensaft · Mehl zum Ausrollen
etwa 2 EL flüssige Butter für das Blech und zum Bestreichen
100 g ungesüßte Beerenmarmelade (Naturkostladen)
2 EL weißer Rum oder Zitronensaft

Mehl mit Salz in einer Schüssel mischen und in die Mitte eine Mulde drücken. Hefe zerbröckeln und mit 1 Prise Zuckerrohrgranulat und etwas Milch zu einem Vorteig verrühren. Den Vorteig in die Mulde geben und zugedeckt an einem warmen Ort etwa 15 Minuten gehen lassen, bis sich Blasen bilden. Inzwischen Butter in der restlichen Milch in einem Topf bei schwacher Hitze schmelzen lassen. Mit dem restlichen Zuckerrohrgranulat, einem Ei und der Zitronenschale zum Vorteig geben und alles mit den Knethaken des Handrührgerätes oder den Händen gründlich zu einem geschmeidigen Teig verkneten. Teig zugedeckt an einem warmen Ort etwa 40 Minuten gehen lassen, bis sich sein Volumen etwa verdoppelt hat. Inzwischen Aprikosen in sehr kleine Würfel schneiden. Nußkerne mit einem großen schweren Messer oder im Zwiebelhacker fein zerkleinern. Ein Ei trennen, Eigelb mit den Nüssen, den Aprikosen, dem Honig, dem Zimt, der Crème fraîche und dem Zitronensaft in einer Schüssel mischen und zugedeckt ziehen lassen. Dann das Eiweiß steif schlagen und unterheben. Den gut aufgegangenen Hefeteig auf einem mit Mehl bestäubten Küchentuch etwa fingerdick ausrollen und mit flüssiger Butter bestreichen. Die Füllung darauf verstreichen und die Teigplatte mit Hilfe des Tuches aufrollen. Ein Backblech mit Butter ausstreichen. Den Fladen vorsichtig daraufgleiten lassen und zugedeckt weitere 30 Minuten gehen lassen. Teigrolle dann im vorgeheizten Backofen bei 180°C auf der mittleren Schiene etwa 1 Stunde backen. Stäbchenprobe machen: Wenn an einem Holzstäbchen, das man in die Mitte der Rolle sticht, beim Herausziehen keine feuchten Teigreste mehr haften, ist die Rolle fertig. Heferolle aus dem Ofen nehmen und auf ein Kuchengitter geben. Beerenmarmelade mit dem Rum oder Zitronensaft in einem Topf erhitzen. Die noch warme Rolle damit bestreichen und anschließend vollkommen auskühlen lassen.

Früchtekuchen

(Foto Seite 105)

Zutaten für eine Kastenform von 22 cm Länge
100 g getrocknete ungeschwefelte Aprikosen
50 g getrocknete ungeschwefelte Birnen · 50 g Korinthen
100 g Sonnenblumenkerne · 50 g ungesalzene Pistazienkerne
¼ l Tee (zum Beispiel Hagebutten-, Salbei- oder gemischter Kräutertee)
100 g Mandeln · 3 große Eier · 100 g Zuckerrohrgranulat
2 TL gemahlene Vanille · 1 TL Zimtpulver
1 Prise geriebene Muskatnuß · 50 g Hirseflocken
250 g feingemahlener Weizen · 1 TL Weinstein-Backpulver
Butter für die Form · 2 EL flüssiger Honig
1 EL Orangen- oder Zitronensaft

Aprikosen und Birnen in sehr kleine Würfel schneiden. In einer Schüssel mit den Korinthen, den Sonnenblumenkernen und den Pistazien mischen und mit dem Tee übergießen. Mandeln mit kochendheißem Wasser überbrühen, kurz darin ziehen lassen, kalt abschrecken und die Häute abziehen. Mandeln mit einem großen, schweren Messer fein hacken, unter die Früchtemischung rühren und alles zugedeckt etwa 3 Stunden ziehen lassen. Mischung dann auf einem Sieb abtropfen lassen. Eier mit den Rührbesen des Handrührgerätes sehr schaumig schlagen, dabei nach und nach das Zuckerrohrgranulat, Vanille, Zimt und Muskat einrieseln lassen. Hirseflocken mit Weizenmehl und Backpulver mischen und mit der Fruchtmischung unter den Teig rühren. Eine Kastenform mit Butter ausstreichen. Den Teig einfüllen und etwas glattstreichen. Früchtekuchen im vorgeheizten Backofen auf der mittleren Schiene bei 175°C etwa 1 Stunde backen. Sollte der Kuchen zu schnell bräunen, mit Pergamentpapier abdecken.

Stäbchenprobe machen: Wenn an einem Holzstäbchen, das man in die Mitte des Kuchens sticht, beim Herausziehen keine feuchten Teigreste mehr haften, ist der Kuchen fertig. Kuchen herausnehmen, in der Form etwa 10 Minuten stehenlassen und anschließend auf ein Kuchengitter stürzen. Honig mit Orangen- oder Zitronensaft verrühren und den noch warmen Kuchen gleichmäßig damit bestreichen.

Festtagskuchen mit Korinthen

Zutaten für eine Springform von 22 cm Durchmesser
300 g getrocknete ungeschwefelte Aprikosen
100 g Walnußkerne · 225 g weiche Butter
150 g Zuckerrohrgranulat · 2 TL gemahlene Vanille
1 Prise Salz · 3 EL trockener Sherry oder Früchtetee
abgeriebene Schale und Saft von 1 unbehandelten Zitrone
4 große Eier · 250 g feingemahlener Weizen
½ Päckchen Weinstein-Backpulver · 1 TL Zimtpulver
je ½ TL geriebene Muskatblüte und Ingwerpulver
1 Msp gemahlener Kardamom · 350 g Korinthen
Butter für die Form

Aprikosen in sehr kleine Würfel schneiden. Walnüsse auf einem Brett mit einem großen, schweren Messer möglichst fein hacken. Butter mit dem Zuckerrohrgranulat mit den Rührbesen des Handrührgerätes so lange schaumig schlagen, bis sich das Zuckerrohrgranulat gelöst hat. Dabei nach und nach die Vanille, Salz, den Sherry oder Früchtetee, die Zitronenschale und den Saft zugeben. Eier einzeln gründlich unterrühren. Weizenmehl mit Backpulver, Zimt, Muskat, Ingwer und Kardamom mischen und unter die

Buttermasse rühren. Der Teig soll schwer reißend vom Löffel fallen. Ist er zu fest, noch etwas Milch unterrühren. Aprikosen, Walnüsse und Korinthen untermischen. Eine Springform gründlich mit Butter ausstreichen. Teig hineinfüllen und glattstreichen. Kuchen im vorgeheizten Backofen auf der unteren Schiene bei 180 °C etwa 90 Minuten backen. Sollte der Kuchen dabei zu schnell bräunen, die Oberfläche mit Pergamentpapier abdecken. Stäbchenprobe machen: Wenn an einem Holzstäbchen, mit dem man in die Mitte des Kuchens sticht, beim Herausziehen keine feuchten Teigreste mehr haften, ist der Kuchen fertig. Den Kuchen herausnehmen und in der Form etwa 10 Minuten stehenlassen. Dann auf ein Kuchengitter stürzen und vollkommen auskühlen lassen. Den Kuchen vor dem Anschneiden 2 Tage durchziehen lassen. In einer Blechdose aufbewahrt, hält er sich einige Monate.

Torte mit Trockenpflaumen

Zutaten für etwa 12 Stück
300 g getrocknete ungeschwefelte und entsteinte Trockenpflaumen
Saft von 1 Blutorange · 1–2 EL Zitronensaft
½ EL flüssiger Honig
⅛ l trockener Rotwein oder ungesüßter Apfelsaft
1 Prise Zimtpulver · 6 Eier · 1 Prise Salz
80 g Zuckerrohrgranulat · 2 TL gemahlene Vanille
120 g feingemahlener Weizen · 1 TL Weinstein-Backpulver
Butter für das Blech · 250 g süße Sahne
50 g Honigschokolade (Naturkostladen oder Reformhaus)

Trockenpflaumen in kleine Stücke schneiden. Mit dem Orangen- und Zitronensaft, dem Honig, dem Rotwein oder Apfelsaft und dem Zimt in einen Topf geben und zum Kochen bringen. Alles unter Rühren so lange bei starker Hitze einkochen lassen, bis die Flüssigkeit dickflüssig wie Sirup ist. Trockenpflaumen dann in einer Schüssel wieder abkühlen lassen. Inzwischen für den Teig die Eier trennen. Eigelb mit den Rührbesen des Handrührgerätes sehr schaumig schlagen, dabei nach und nach das Zuckerrohrgranulat und die Vanille einrieseln lassen. Eiweiß mit Salz ebenfalls mit den Rührbesen zu sehr steifem Schnee schlagen und auf die Eigelbcreme gleiten lassen. Mehl mit Backpulver mischen und darüberstreuen. Alles mit einem Schneebesen vorsichtig mischen. Ein Backblech mit Butter ausstreichen und den Teig gleichmäßig darauf verstreichen. Teigplatte im vorgeheizten Backofen bei 200 °C auf der untersten Schiene etwa 10 Minuten backen, bis der Teig leicht gebräunt und fest ist. Teigplatte auf ein Kuchengitter stürzen und vollkommen auskühlen lassen. Dann in 3 gleich große Stücke schneiden. Für die Füllung die Sahne mit den Rührbesen des Handrührgerätes steif schlagen. Die Trockenpflaumen mit der Einweichflüssigkeit unterheben. Biskuitplatten mit etwas Sahne bestreichen, zusammensetzen und rundherum mit der restlichen Pflaumensahne überziehen. Schokolade auf der Rohkostreibe fein raspeln und die Torte damit verzieren. Torte möglichst bald servieren.

Honigkuchen mit Ingwer

(Foto Seite 121)

Zutaten für eine Kastenform von 28 cm Länge
150 g Walnußkerne · 100 g Korinthen · 250 g heller Honig
100 g Butter · etwa 1/8 l Milch · 1 TL Zimtpulver
1 gehäufter TL Ingwerpulver · 1/2 TL geriebene Muskatnuß
400 g feingemahlener Weizen
100 g feingemahlener Buchweizen
1 Päckchen Weinstein-Backpulver · 1 Prise Salz
2 große Eier · Butter für die Form

Walnüsse in einer trockenen Pfanne bei mittlerer Hitze rösten, bis sie würzig duften, dann auf einem Teller beiseite stellen. Die Korinthen mit kochendem Wasser überbrühen und 10 Minuten quellen lassen. Dann abtropfen lassen und ebenfalls beiseite stellen. Honig mit Butter und Milch in einem Topf unter ständigem Rühren erhitzen, bis die Butter geschmolzen ist, dann vom Herd ziehen und wieder abkühlen lassen. Zimt, Ingwer und Muskatnuß mit den beiden Mehlsorten, dem Backpulver und Salz in einer Schüssel mischen. Honigmasse mit den Eiern einrühren. Walnüsse und Korinthen unterheben. Der Teig soll schwer reißend vom Löffel fallen. Ist er zu fest, noch etwas Milch unterrühren. Kastenform mit Butter ausstreichen. Honigkuchenmasse ein-

Hefefladen mit Nußfüllung (Rezept S. 114)

Honigkuchen mit Ingwer (Rezept S. 120)

füllen, etwas glattstreichen. Honigkuchen im vorgeheizten Backofen auf der mittleren Schiene bei 175 °C etwa 1 Stunde backen. Sollte der Kuchen zu schnell braun werden, mit Pergamentpapier abdecken. Stäbchenprobe machen: Wenn an einem Holzstäbchen, mit dem man in die Mitte des Kuchens sticht, beim Herausziehen keine feuchten Teigreste mehr haften, ist der Kuchen fertig. Kuchen aus dem Ofen nehmen, in der Form 10 Minuten stehenlassen, anschließend auf ein Kuchengitter stürzen und vollkommen auskühlen lassen. Noch hübscher, allerdings auch gehaltvoller wird der Kuchen, wenn Sie ihn nach dem Auskühlen mit geschmolzener Honigschokolade überziehen und mit einigen gehackten Walnüssen verzieren.

Anmerkung: Der Kuchen schmeckt am besten, wenn man ihn vor dem Anschneiden mindestens einen Tag durchziehen läßt.

Spezialitäten aus verschiedenen Ländern

Indisches Nußgebäck

Zutaten für etwa 40 Stück
50 g eingelegte Ingwerpflaumen aus dem Glas
80 g feingemahlener Weizen · 70 g Zuckerrohrgranulat
1 Prise Salz · 2–3 Eigelb · 80 g gekühlte Butter
150 g feingeriebene Cashewnüsse · ¼ TL geriebener Kardamom
½ TL Ingwerpulver · Butter für das Blech

Ingwerpflaumen abtropfen lassen und sehr klein würfeln. Weizenmehl mit Ingwer, Zuckerrohrgranulat und Salz in einer Schüssel oder auf der Arbeitsfläche mischen. Zwei Eigelb, die in kleine Flöckchen geteilte Butter, die Cashewnüsse, Kardamom und Ingwerpulver dazugeben und alles mit den Knethaken des Handrührgerätes oder den Händen rasch zu einem glatten, geschmeidigen Teig verkneten. Sollte der Teig zu fest sein, das restliche Eigelb unterarbeiten. Teig zur Kugel formen und in Folie gewickelt etwa 30 Minuten in den Kühlschrank stellen. Ein Backblech mit Butter ausstreichen. Den Teig noch einmal durchkneten und etwa walnußgroße Kugeln daraus formen. Kugeln auf das Blech geben, etwas flachdrücken und im vorgeheizten Backofen bei 180 °C auf der mittleren Schiene etwa 15 Minuten backen, bis sie schön gebräunt sind. Dann sofort vom Blech lösen und auf einem Kuchengitter auskühlen lassen.

Italienische Plätzchen mit Pinienkernen

Zutaten für etwa 50 Stück

150 g Mandeln · 200 g Pinienkerne · 4 Eiweiß
1 Prise Salz · 100 g Zuckerrohrgranulat
abgeriebene Schale von ½ unbehandelten Zitrone
Butter für das Blech

Mandeln mit kochendheißem Wasser überbrühen, kurz darin ziehen lassen, kalt abschrecken und die Häute abziehen. Mandeln mit einem Küchentuch gründlich abtrocknen, dann in der Mandelmühle fein reiben. Pinienkerne mit einem großen schweren Messer so fein wie möglich hacken. Eiweiß mit Salz mit den Rührbesen des Handrührgerätes zu sehr steifem Schnee schlagen, dabei nach und nach das Zuckerrohrgranulat und die Zitronenschale einrieseln lassen. Mandeln und Pinienkerne gemischt mit einem Schneebesen unterheben. Ein Backblech gründlich mit Butter ausstreichen. Teig in einen Spritzbeutel mit glatter Tülle geben und zu Halbkreisen auf das Blech spritzen. Die Plätzchen im vorgeheizten Backofen auf der mittleren Schiene bei 180 °C etwa 20 Minuten backen, bis sie schön gebräunt sind. Dann sofort vom Blech lösen und auf einem Kuchengitter nebeneinander auskühlen lassen.

Italienische Mandelmakronen

Zutaten für etwa 40 Stück
300 g Mandeln · 5 g bittere Mandeln
1 EL Mandellikör oder Orangensaft · 3 Eiweiß
85 g Zuckerrohrgranulat · Butter für das Blech
etwas Wildpfeilwurzelmehl zum Bestäuben

Mandeln und bittere Mandeln mit kochendheißem Wasser überbrühen, kurz darin ziehen lassen, kalt abschrecken und die Häute abziehen. Mandeln mit einem Küchentuch gründlich abtrocknen, dann in einer Pfanne ohne Fettzugabe unter ständigem Rühren anrösten, bis sie duften und leicht gebräunt sind. Mandeln abkühlen lassen, dann in der Mandelmühle fein reiben und mit dem Mandellikör oder dem Orangensaft mischen. Eiweiß mit den Rührbesen des Handrührgerätes zu sehr steifem Schnee schlagen, dabei nach und nach das Zuckerrohrgranulat einrieseln lassen. Mandeln untermischen. Der Teig muß relativ fest sein. Sollte er zu weich sein, noch etwas geriebene Mandeln unterarbeiten. Ein Backblech gründlich mit Butter ausstreichen. Aus dem Mandelteig etwa walnußgroße Kugeln formen und diese mit genügend großem Abstand auf das Blech legen. Die Mandelmakronen im vorgeheizten Backofen bei 160 °C auf der mittleren Schiene etwa 30 Minuten backen. Dann sofort vom Blech lösen und auf ein Kuchengitter geben. Die Makronen mit etwas Wildpfeilwurzelmehl bestäuben und auskühlen lassen.

Libanesische Nußplätzchen

Zutaten für etwa 30 Stück
300 g feingemahlener Weizen
2 EL Zuckerrohrgranulat · 1 Prise Salz
½ TL Weinstein-Backpulver · 150 g gekühlte Butter
4–5 EL kaltes Wasser
abgeriebene Schale von 1 unbehandelten Zitrone
100 g Walnußkerne · 1 EL flüssiger Honig
½ TL Zimtpulver · Butter für das Blech

Weizen mit dem Zuckerrohrgranulat, dem Salz und dem Backpulver in einer Schüssel oder auf der Arbeitsfläche mischen. Butter in kleine Flöckchen teilen und mit dem Wasser und der Zitronenschale dazugeben. Alles mit den Knethaken des Handrührgerätes oder den Händen rasch zu einem glatten, geschmeidigen Teig verkneten. Sollte der Teig zu fest sein, noch etwas Wasser unterarbeiten. Teig zur Kugel formen und in Folie gewikkelt etwa 30 Minuten in den Kühlschrank stellen. Inzwischen die Walnußkerne mit einem großen schweren Messer fein hacken. Mit dem Honig und dem Zimtpulver mischen. Mürbeteig noch einmal durchkneten, dann etwa walnußgroße Kugeln daraus formen. Ein Backblech mit Butter ausstreichen und die Kugeln daraufsetzen. Einen Kochlöffelstiel in etwas Mehl tauchen und damit in jedes Plätzchen eine Vertiefung drücken. Diese Vertiefung mit der Walnußmasse ausfüllen. Die Plätzchen im vorgeheizten Backofen bei 200°C auf der mittleren Schiene etwa 15 Minuten backen, bis sie schön gebräunt sind. Dann sofort vom Blech lösen und auf einem Kuchengitter auskühlen lassen.

Schweizer Haselnußstangen

Zutaten für etwa 60 Stück
100 g weiche Butter · 75 g Zuckerrohrgranulat
2 Eier · 1 TL gemahlene Vanille · 1 Prise Salz
125 g feingeriebene Haselnußkerne
100 g feingemahlener Weizen
100 g feingemahlener Buchweizen
Mehl für die Arbeitsfläche · Butter für das Blech

Butter mit dem Zuckerrohrgranulat mit den Rührbesen des Handrührgerätes so lange schaumig schlagen, bis sich das Zuckerrohrgranulat gelöst hat. Eier einzeln gründlich unterrühren. Vanille und Salz mit Haselnüssen und beiden Mehlsorten mischen und unter die Buttermasse kneten. Sollte der Teig zu fest sein, noch etwas kalte Milch unterarbeiten. Teig zu einer Kugel formen und in Folie gewickelt etwa 30 Minuten in den Kühlschrank stellen. Dann noch einmal durchkneten und auf der bemehlten Arbeitsfläche etwa 1 cm dick ausrollen. Teigplatte mit einem scharfen Messer in etwa 5 cm lange Stangen schneiden. Ein Backblech mit Butter ausstreichen und die Stangen darauflegen. Dann im vorgeheizten Backofen bei 200 °C auf der mittleren Schiene etwa 15 Minuten backen, bis sie schön gebräunt sind. Die Stangen vorsichtig vom Blech lösen und auf einem Kuchengitter auskühlen lassen.

Anmerkung: Diese Schweizer Plätzchen schmecken auch mit gemahlenen Walnüssen, Pecannüssen oder ungeschälten Mandeln sehr gut.

Malaysische Kokosplätzchen

Zutaten für etwa 40 Stück
250 g feingemahlener Weizen · 50 g Zuckerrohrgranulat
1 TL gemahlene Vanille · 100 g gekühlte Butter
1 großes Ei · 2 Eiweiß · 1 TL Zitronensaft
50 g Ahorn- oder Sanddornsirup
250 g Kokosraspeln (möglichst aus frischem Kokosnußfleisch)
1 TL Zimtpulver · 1 Prise geriebene Muskatnuß
Mehl für die Arbeitsfläche · Butter für das Blech
1 Eigelb zum Bestreichen

Weizenmehl mit Zuckerrohrgranulat und Vanille in einer Schüssel oder auf der Arbeitsfläche mischen. Butter in kleine Flöckchen teilen und mit dem Ei dazugeben. Alles mit den Knethaken des Handrührgerätes oder den Händen rasch zu einem glatten, geschmeidigen Teig verkneten. Sollte der Teig zu fest sein, noch etwas kaltes Wasser unterarbeiten. Teig zur Kugel formen und in Folie gewickelt etwa 30 Minuten in den Kühlschrank stellen. Inzwischen Eiweiß mit Zitronensaft mit den Rührbesen des Handrührgerätes zu sehr steifem Schnee schlagen. Ahorn- oder Sanddornsirup mit Kokosraspeln, Zimt und Muskat mischen und mit einem Schneebesen vorsichtig unterheben. Gekühlten Mürbeteig noch einmal durchkneten und auf der leicht bemehlten Arbeitsfläche etwa messerrückendick ausrollen. Mit einem runden Ausstechförmchen Plätzchen ausstechen. Ein Backblech mit Butter ausstreichen und die Hälfte der Plätzchen darauflegen. Jeweils etwas Kokosnußmasse darauf verteilen und mit den restlichen Plätzchen abdecken. Die Ränder mit einer Gabel gut zusammendrücken und die Plätzchen mit dem verquirlten Eigelb bestreichen. Plätzchen im vorgeheizten Backofen auf der mittleren Schiene bei 200 °C etwa 15 Minuten backen, bis sie schön gebräunt sind. Dann vorsichtig vom Blech lösen und auf einem Kuchengitter auskühlen lassen.

Spanische Mandelplätzchen

Zutaten für etwa 45 Stück
500 g Mandeln · 3 Eier · 125 g Zuckerrohrgranulat
1 TL gemahlener Anis · 1 TL gemahlene Vanille
1 TL Zimtpulver
abgeriebene Schale von ½ unbehandelten Zitrone
Butter für das Blech

Mandeln in einer trockenen Pfanne unter ständigem Rühren anrösten, bis sie duften und leicht gebräunt sind. Dann wieder abkühlen lassen und anschließend in der Mandelmühle fein reiben. Eier trennen. Eigelb mit Zuckerrohrgranulat mit den Rührbesen des Handrührgerätes so lange schaumig schlagen, bis sich das Zuckerrohrgranulat gelöst hat. Mandeln, Anis, Vanille, Zimt und Zitronenschale untermischen. Eiweiß mit den Rührbesen sehr schaumig schlagen und vorsichtig unter die Mandelmasse rühren. Ein Backblech gründlich mit Butter ausstreichen. Aus dem Mandelteig kleine Kugeln formen und diese auf das Blech legen. Plätzchen im vorgeheizten Backofen auf der mittleren Schiene bei 200 °C etwa 20 Minuten backen. Dann sofort vom Blech lösen und auf einem Kuchengitter nebeneinander auskühlen lassen.

Basler Plätzchen

Zutaten für etwa 60 Stück

500 g Mandeln · 3 Eier · 125 g Zuckerrohrgranulat

2 TL gemahlene Vanille · 1 TL Zimtpulver

abgeriebene Schale von 1 unbehandelten Orange

2 EL Carobenpulver

1 EL Kirschwasser oder ungesüßter Sauerkirschsaft

Mehl für die Arbeitsfläche · Butter für das Blech

Mandeln mit kochendheißem Wasser überbrühen, kurz darin ziehen lassen, kalt abschrecken und die Häute abziehen. Mandeln mit einem Küchentuch sehr gründlich abtrocknen und anschließend in der Mandelmühle sehr fein reiben. Die Eier mit den Rührbesen des Handrührgerätes sehr schaumig schlagen, dabei nach und nach das Zuckerrohrgranulat einrieseln lassen und so lange weiterrühren, bis es sich gelöst hat. Mandeln mit Vanille, Zimt, Orangenschale und Carobenpulver mischen und mit dem Kirschwasser oder -saft mit den Knethaken des Handrührgerätes unter die Eiermasse mischen. Teig zur Kugel formen und in Folie gewickelt etwa 1 Stunde in den Kühlschrank stellen. Dann noch einmal durchkneten und auf der leicht bemehlten Arbeitsfläche ungefähr ½ cm dick ausrollen. Teig mit beliebigen Ausstechförmchen ausstechen. Ein Backblech mit Butter ausstreichen und die Plätzchen darauflegen. Im vorgeheizten Backofen bei 160 °C auf der mittleren Schiene etwa 30 Minuten backen, bis sie fest sind. Dann vorsichtig vom Blech lösen und auf einem Kuchengitter nebeneinander auskühlen lassen.

Amerikanische Weihnachtsplätzchen

Zutaten für etwa 70 Stück
400 g Walnußkerne
300 g gemischte ungeschwefelte Trockenfrüchte (zum Beispiel Feigen, Pflaumen, Aprikosen und Bananen)
300 g Korinthen · 1/8 l Whisky oder schwarzer Tee
80 g weiche Butter · 60 g Zuckerrohrgranulat
2 Eier · 180 g feingemahlener Weizen
2 TL Weinstein-Backpulver
abgeriebene Schale von 1 unbehandelten Orange
1 TL Zimtpulver · je 1 Prise Ingwerpulver und Nelkenpfeffer
Butter für das Blech

Walnußkerne vierteln. Trockenfrüchte gegebenenfalls entsteinen, dann in kleine Würfel schneiden und mit den Korinthen und den Walnüssen in einer Schüssel mischen. Mit dem Whisky oder Tee übergießen und mindestens 2 Stunden zugedeckt ziehen lassen. Dann die Butter mit dem Zuckerrohrgranulat mit den Rührbesen des Handrührgerätes so lange schaumig schlagen, bis sich das Granulat gelöst hat. Die Eier einzeln unterrühren. Mehl mit Backpulver, Orangenschale, Zimt, Ingwer sowie Nelkenpfeffer mischen und ebenfalls unterrühren. Eingeweichte Früchte mit der Flüssigkeit unterkneten. Der Teig soll fest, aber geschmeidig sein. Ein Backblech gründlich mit Butter ausstreichen. Mit 2 Teelöffeln von dem Teig kleine Häufchen abstechen und diese auf das Backblech setzen. Die Plätzchen im vorgeheizten Backofen bei 200 °C auf der mittleren Schiene etwa 20 Minuten backen, bis sie schön gebräunt sind. Dann vom Blech lösen und auf einem Kuchengitter auskühlen lassen.

Anmerkung: Im Originalrezept werden diese Plätzchen mit kandierten Kirschen zubereitet. Ich habe diese für die Vollwertbäckerei durch Trockenfrüchte ersetzt.

Französische Mandelplätzchen

Zutaten für etwa 30 Stück
250 g ungeschälte feingeriebene Mandeln
125 g Honig · 1/8 l Milch · evtl. 1 EL Orangenlikör
abgeriebene Schale von 1 unbehandelten Orange
kleine runde Backoblaten · 1 EL Ahornsirup
1 EL Orangensaft

Mandeln mit Honig, Milch, nach Wunsch dem Orangenlikör und der Orangenschale in einem Topf unter Rühren so lange erhitzen, bis die Masse sehr dickflüssig und streichfähig ist. Masse etwas abkühlen lassen, auf die Oblatten streichen, auf ein Backblech geben und ungefähr 30 Minuten trocknen lassen. Dann im vorgeheizten Backofen auf der mittleren Schiene bei 160 °C etwa 30 Minuten backen. Ahornsirup mit Orangensaft verrühren und die Plätzchen damit bestreichen. Auf ein Kuchengitter geben und nebeneinander auskühlen lassen.

Englische Shortbreads

Zutaten für etwa 50 Stück
75 g Mandeln · 200 g feingemahlener Weizen
50 g feingemahlener Maisgrieß · 80 g Zuckerrohrgranulat
200 g Butter · 1 Prise Salz
Mehl für die Arbeitsfläche · Butter für das Blech

Mandeln mit kochendheißem Wasser überbrühen, kurz darin ziehen lassen, kalt abschrecken und die Häute abziehen. Mandeln mit einem Küchentuch gründlich abtrocknen. Ein Drittel davon in feine Blättchen schneiden und beiseite stellen. Restliche Mandeln in der Mandelmühle fein reiben und mit dem Weizenmehl, dem Maismehl und dem Zuckerrohrgranulat in einer Schüssel mischen. Butter in kleine Flöckchen teilen und mit etwa 1 EL kaltem Wasser sowie Salz in die Schüssel geben. Alles mit den Knethaken des Handrührgerätes oder den Händen rasch zu einem glatten, geschmeidigen Teig verkneten. Sollte der Teig zu fest sein, noch etwas kaltes Wasser unterarbeiten. Teig zur Kugel formen und in Folie gewickelt etwa 1 Stunde in den Kühlschrank stellen. Dann noch einmal durchkneten und auf der bemehlten Arbeitsfläche etwa messerrückendick ausrollen. Teig mit beliebigen Förmchen ausstechen. Ein Backblech mit Butter ausstreichen und die Plätzchen darauflegen. Mit den Mandelblättchen bestreuen und diese etwas andrücken. Die Plätzchen im vorgeheizten Backofen bei 180 °C auf der mittleren Schiene etwa 10 Minuten backen, bis sie schön gebräunt sind. Dann sofort vom Blech lösen und auskühlen lassen.

Belgrader Brot

Zutaten für etwa 45 Stück
60 g getrocknete ungeschwefelte Birnen · 2 große Eier
3 Eigelb · 125 g Zuckerrohrgranulat
250 g ungeschälte feingehackte Mandeln
250 g feingemahlener Weizen · 1–2 EL Zimtpulver
abgeriebene Schale von 1 unbehandelten Zitrone
evtl. etwas Milch · Mehl für die Arbeitsfläche
Butter für das Blech · 30 g Butter
2 EL Ahornsirup · ½ EL Zitronensaft

Birnen in sehr kleine Würfel schneiden. Eier und Eigelb mit den Rührbesen des Handrührgerätes sehr schaumig schlagen, dabei nach und nach das Zuckerrohrgranulat einrieseln lassen und so lange weiterrühren, bis es sich gelöst hat. Mandeln mit Weizenmehl, Zimt, Zitronenschale und Birnen mischen und nach und nach unter den Teig kneten. Sollte der Teig zu fest sein, noch etwas Milch unterarbeiten. Teig auf der leicht bemehlten Arbeitsfläche etwa ½ cm dick ausrollen und in Rauten schneiden. Ein Backblech gründlich mit Butter ausstreichen und die Rauten darauflegen. Belgrader Brot im vorgeheizten Backofen auf der mittleren Schiene bei 200 °C etwa 25 Minuten backen, bis es schön gebräunt ist. Dann sofort vom Blech lösen und auf ein Kuchengitter geben. Die Butter in einem Topf bei schwacher Hitze mit dem Ahornsirup und dem Zitronensaft schmelzen lassen. Die noch warmen Rauten mit dieser Mischung gleichmäßig bestreichen und vollkommen auskühlen lassen.

Berner Leckerli

Zutaten für etwa 40 Stück

200 g Haselnüsse · 250 g feingemahlener Weizen

100 g Zuckerrohrgranulat · 125 g gekühlte Butter

1 großes Ei · 1 Prise Salz · 2 Eiweiß

abgeriebene Schale von ½ unbehandelten Zitrone

1 Prise Zimtpulver · 1 Msp geriebene Muskatnuß

Mehl für die Arbeitsfläche · Butter für das Blech

50–100 g ungesüßte rote Marmelade (Naturkostladen oder Reformhaus)

Haselnüsse in einer Pfanne ohne Fettzugabe unter ständigem Rühren anrösten, bis sie würzig duften und leicht gebräunt sind. Nüsse abkühlen lassen und anschließend in der Mandelmühle fein reiben. Für den Mürbeteig das Weizenmehl mit der Hälfte des Zuckerrohrgranulates in einer Schüssel oder auf der Arbeitsfläche mischen. Die Butter in kleine Flöckchen teilen und mit dem Ei und Salz zum Mehl geben. Alles mit den Knethaken des Handrührgerätes oder den Händen rasch zu einem glatten Mürbeteig verkneten. Sollte der Teig zu fest sein, noch etwas kaltes Wasser unterarbeiten. Teig zur Kugel formen und in Folie gewikkelt etwa 30 Minuten in den Kühlschrank stellen. Inzwischen für die Makronenmasse das Eiweiß mit den Rührbesen des Handrührgerätes zu sehr steifem Schnee schlagen, dabei nach und nach das restliche Zuckerrohrgranulat einrieseln lassen. Die Zitronenschale, den Zimt und den Muskat mit den Haselnüssen mischen und mit einem Schneebesen vorsichtig unter den Eischnee heben. Den gekühlten Mürbeteig noch einmal durchkneten, dann auf der bemehlten Arbeitsfläche etwa messerrückendick ausrollen. Mit einem Ausstechförmchen runde Plätzchen ausstechen. Ein Backblech mit wenig Butter ausstreichen und die Plätzchen darauflegen. Die Marmelade glattrühren (eventuell etwas Orangensaft untermischen) und die Plätzchen dünn damit bestreichen, dann mit etwa 1 TL Makronenmasse bedecken. Die Plätzchen im vorgeheizten Backofen auf der mittleren Schiene bei 180 °C etwa 15 Minuten backen, bis sie leicht gebräunt sind. Dann sofort vom Blech lösen und auf einem Kuchengitter nebeneinander auskühlen lassen.

Panettone

Zutaten für einen hohen Topf
mit schmalem Durchmesser

100 g Mandeln · 100 g getrocknete ungeschwefelte Aprikosen

100 g getrocknete ungeschwefelte Feigen

500 g feingemahlener Weizen · 40 g frische Hefe

80 g Zuckerrohrgranulat · etwa 3/8 l lauwarme Milch

150 g Butter · 4 Eier

abgeriebene Schale von 1 unbehandelten Zitrone

2 TL gemahlene Vanille · 100 g Korinthen

Butter für den Topf

Mandeln mit kochendheißem Wasser überbrühen, kurz darin ziehen lassen, kalt abschrecken und die Häute abziehen. Mandeln mit einem Küchentuch gründlich abtrocknen, dann mit einem großen schweren Messer fein hacken. Aprikosen und Feigen in sehr kleine Würfel schneiden. Weizenmehl in eine Schüssel geben und in der Mitte eine Mulde formen. Hefe zerbröckeln und mit wenig Zuckerrohrgranulat und etwas Milch zu einem Vorteig verrühren. Vorteig in die Mulde geben und zugedeckt an einem warmen Ort etwa 15 Minuten gehen lassen. Inzwischen die Butter in der restlichen Milch bei schwacher Hitze in einem Topf unter gelegentlichem Umrühren schmelzen lassen. Mit dem restlichen Zuckerrohrgranulat, den Eiern, der Zitronenschale und der Vanille zum Vorteig geben und alles mit den Knethaken des Handrührgerätes zu einem relativ flüssigen Hefeteig verrühren. Teig mit einem Tuch bedeckt ungefähr 40 Minuten an einem warmen Ort ruhen lassen, bis er sein Volumen etwa verdoppelt hat. Dann die Mandeln, die Trockenfrüchte und die Korinthen unterkneten. Den Topf gründlich mit Butter ausstreichen, den Teig hineinfüllen und zugedeckt weitere 20 Minuten gehen lassen. Panettone dann im vorgeheizten Backofen auf der mittleren Schiene bei 180 °C etwa 40 Minuten backen. Stäbchenprobe machen: Wenn an einem Holzstäbchen, das man in die Mitte des Kuchens sticht, beim Herausziehen keine feuchten Teigreste mehr haften, ist der Panettone fertig. Den Kuchen aus dem Ofen nehmen und in der Form etwa 10 Minuten ruhen lassen. Dann auf ein Kuchengitter stürzen und vollkommen auskühlen lassen.

Anmerkung: In Italien ißt man den Panettone an den Weihnachtstagen zum Frühstück. Dort gibt es für diesen Kuchen auch spezielle Backformen zu kaufen. Bei uns muß man sich mit einem hohen Topf oder auch mit einem Blumentopf (unbenutzt) aus Ton behelfen, den man mit Pergamentpapier auslegt.

Mandelschnitten (Rezept S. 157)

Springerle (Rezept S. 164)

Luzerner Lebkuchen

Zutaten für eine Springform
von 28 cm Durchmesser

¼ l süße Sahne · 100 g flüssiger Honig

60 g Zuckerrohrgranulat · 1 gehäufter TL Zimtpulver

1–2 TL gemahlene Vanille

*je 1 kräftige Prise Anispulver, Ingwerpulver,
geriebener Muskat und gemahlener Kardamom*

gut ⅛ l Milch · 1 EL Obstbranntwein oder Orangensaft

450 g feingemahlener Weizen

2 TL Weinstein-Backpulver · Butter für die Form

2 EL Ahornsirup

1 EL Obstbranntwein oder Zitronensaft

Sahne mit den Rührbesen des Handrührgerätes sehr steif schlagen, dabei nach und nach den Honig zufließen und das Zuckerrohrgranulat einrieseln lassen. Zimt, Vanille, Anis, Ingwer, Muskat und Kardamom untermischen. Milch mit Branntwein oder Orangensaft verrühren und vorsichtig unter die Sahne mischen. Weizenmehl mit Backpulver mischen und eßlöffelweise unter die Sahnemischung rühren. Der Teig muß schwer reißend vom Löffel fallen. Sollte er zu fest sein, noch etwas Milch unterarbeiten. Eine Springform gründlich mit Butter ausstreichen. Den Teig hineinfüllen und glattstreichen. Kuchen im vorgeheizten Backofen auf der unteren Schiene bei 200 °C etwa 1 Stunde backen. Stäbchenprobe machen: Wenn an einem Holzstäbchen, mit dem man in die Mitte des Kuchens sticht, beim Herausziehen keine feuchten Teigreste mehr haften, ist der Kuchen fertig. Den Kuchen aus dem Ofen nehmen und in der Form etwa 10 Minuten stehenlassen. Dann aus der Form lösen und auf ein Kuchengitter geben. Den Ahornsirup mit dem Branntwein oder dem Zitronensaft verrühren und den heißen Kuchen gleichmäßig damit bestreichen. Kuchen vollkommen auskühlen lassen, dann in Alufolie wickeln und vor dem Anschneiden einige Tage durchziehen lassen.

Dresdner Christstollen

200 g Mandeln · 5–10 g bittere Mandeln
150 g getrocknete ungeschwefelte Feigen
150 g getrocknete ungeschwefelte Birnen · 80 g frische Hefe
etwa 3/8 l lauwarme Milch · 120 g Zuckerrohrgranulat
700 g feingemahlener Weizen · 150 g feingemahlener Buchweizen
150 g feingemahlener Hafer · 1 Prise Salz
abgeriebene Schale von je 1 unbehandelten Zitrone und Orange
1–2 TL Zimtpulver · 400 g gekühlte Butter
2 Eigelb · 3–4 EL weißer Rum oder Orangensaft
250 g Korinthen · Mehl für die Arbeitsfläche
Butter und Mehl für das Blech
etwa 40 g Butter zum Bestreichen · 50 g ungesalzene Pistazien
etwa 1 EL Wildpfeilwurzelmehl

Mandeln mit kochendheißem Wasser überbrühen, kurz darin ziehen lassen, kalt abschrecken und die Häute abziehen. Mandeln mit einem Küchentuch gründlich abtrocknen, dann mit einem scharfen Messer in feine Stifte schneiden. Bittere Mandeln in der Mandelmühle fein reiben. Feigen und Birnen in kleine Würfel schneiden. Hefe zerbröckeln und in einem kleinen Schälchen mit wenig Zuckerrohrgranulat und etwas Milch zu einem Vorteig verrühren. In dem Schälchen zugedeckt etwa 15 Minuten an einem warmen Ort gehen lassen. Alle Mehlsorten auf einem Backbrett oder der Arbeitsfläche mit dem Salz, der Zitronen- und Orangenschale, den bitteren Mandeln sowie dem Zimt mischen. Butter in kleine Flöckchen teilen, dazugeben und alles zu einer bröseligen Masse vermischen. In der Mitte eine Mulde formen, Eigelb, Rum oder Orangensaft und Vorteig darin leicht vermischen, dann alles mit den Händen zu einem geschmeidigen Teig verkneten. Teig so lange kneten, bis er Blasen wirft; er soll fest, aber geschmeidig sein. Gegebenenfalls noch etwas Milch unterarbeiten. Die Mandelstifte und die Trockenfrüchte unter den Hefemürbeteig mischen. Teig in eine Schüssel geben und zugedeckt im Kühlschrank über Nacht gehen lassen, bis er sein Volumen etwa verdoppelt hat. Teig wiederum durchkneten, die Korinthen untermengen und den Teig noch einmal etwa 2 Stunden im Kühlschrank gehen lassen. Teig in 2 Hälften teilen und jede auf der leicht bemehlten Arbeitsfläche zu einem Wecken formen. Diesen in der Mitte mit dem Nudelholz so dünn ausrollen, daß an beiden Längsseiten dicke Wülste entstehen. Diese jeweils nach innen klappen, so daß sie nebeneinander liegen und etwas zusammendrücken. Ein Backblech mit Butter ausstreichen und mit ein wenig Mehl bestäuben. Die Stollen darauflegen und noch einmal ungefähr 30 Minuten zugedeckt gehen lassen. Stollen dann im vorgeheizten Backofen auf der mittleren Schiene bei 180 °C etwa 90 Minuten backen. Sollten die Stollen zu schnell braun werden, mit Pergamentpapier abdecken. Stäbchenprobe machen: Wenn an einem Holzstäbchen, das man in die dickste Stelle des Stollens sticht, beim Herausziehen keine feuchten Teigreste mehr haften, ist der Kuchen fertig. Die Butter zerlassen und die heißen Stollen gleichmäßig damit bestreichen. Pistazien in der Mandelmühle fein reiben, mit dem Wildpfeilwurzelmehl mischen und die Stollen damit bestäuben. Die Stollen auf einem Kuchengitter vollkommen auskühlen lassen, dann in Alufolie wickeln und vor dem Anschneiden mehrere Tage an einem kühlen Ort durchziehen lassen.

Englischer Weihnachtskuchen

Zutaten für eine Springform von 28 cm Durchmesser
350 g gemischte ungeschwefelte Trockenfrüchte (zum Beispiel Aprikosen, Pflaumen, Birnen und Äpfel)
50 g Mandeln · 225 g Butter · 150 g Zuckerrohrgranulat
1 Prise Salz · 5 große Eier · 350 g feingemahlener Weizen
2 gehäufte TL Weinstein-Backpulver
1 TL Zimtpulver · ½ TL Ingwerpulver
abgeriebene Schale von 1 unbehandelten Zitrone
etwa 6 EL kalte Milch · 150 g Korinthen · Butter für die Form
1 EL ungesüßte Aprikosenmarmelade (Naturkostladen oder Reformhaus)
1 EL weißer Rum oder Zitronensaft

Trockenfrüchte gegebenenfalls entsteinen, dann in sehr kleine Würfel schneiden. Mandeln mit kochendheißem Wasser überbrühen, kurz darin ziehen lassen, kalt abschrecken und die Häute abziehen. Mandeln mit einem Küchentuch gründlich abtrocknen und beiseite legen. Für den Teig die Butter mit dem Zuckerrohrgranulat und Salz mit den Rührbesen des Handrührgerätes so lange schaumig schlagen, bis sich das Zuckerrohrgranulat gelöst hat. Die Eier einzeln gründlich unterrühren. Das Weizenmehl mit Backpulver, Zimt, Ingwer und Zitronenschale mischen und nach und nach unter die Buttermasse rühren. Milch ebenfalls unterrühren. Der Teig soll schwer reißend von den Rührbesen fallen. Sollte er zu fest sein, noch etwas Milch untermischen. Trokkenfrüchte und Korinthen unter den Teig mischen. Eine Springform mit Butter ausstreichen. Die Mandeln auf dem Teig verteilen. Aprikosenmarmelade mit Rum oder Zitronensaft verrühren und die Mandeln damit bestreichen. Kuchen im vorgeheizten Backofen auf der unteren Schiene bei 160 °C knapp 2 Stunden backen. Sollte der Kuchen dabei zu schnell braun werden, die Oberfläche mit Pergamentpapier abdecken. Stäbchenprobe machen: Wenn an einem Holzstäbchen, mit dem man in die Mitte des Kuchens sticht, beim Herausziehen keine feuchten Teigreste mehr haften, ist der Kuchen fertig. Kuchen aus dem Ofen nehmen und in der Form etwa 10 Minuten stehenlassen. Dann aus der Form lösen und auf einem Kuchengitter vollkommen auskühlen lassen. Den Kuchen vor dem Anschneiden mindestens 2 Tage durchziehen lassen.

Anmerkung: In einer Blechdose aufbewahrt, hält sich dieser Kuchen einige Monate frisch.

Bornholmer Adventsrolle

400 g feingemahlener Weizen
100 g feingemahlener Roggen · 1 Prise Salz
40 g frische Hefe · 50 g Zuckerrohrgranulat
etwa 200 ccm lauwarme Milch · 125 g Butter · 2 Eigelb
abgeriebene Schale von 1 unbehandelten Zitrone
1 TL gemahlene Vanille · 50 g getrocknete ungeschwefelte Feigen
100 g Korinthen · 3 EL weißer Rum oder Orangensaft
150 g feingeriebene ungeschälte Haselnüsse
60 g flüssiger Honig · 1 TL Zimtpulver · ⅛ l Milch
Mehl für die Arbeitsfläche · Butter für das Blech
30 g Butter · 2 EL Honig
1 EL Orangenlikör oder Zitronensaft

Beide Mehlsorten mit dem Salz in einer Schüssel mischen und in der Mitte eine Mulde formen. Hefe zerbröckeln und mit wenig Zuckerrohrgranulat und etwas Milch zu einem Vorteig verrühren. Den Vorteig in die Mulde geben und zugedeckt an einem warmen Ort etwa 15 Minuten gehen lassen. Inzwischen die Butter in der restlichen Milch in einem Topf bei schwacher Hitze unter gelegentlichem Umrühren schmelzen lassen. Mit dem restlichen Zuckerrohrgranulat, Eigelb, Zitronenschale und Vanille in die Schüssel geben. Alles mit den Knethaken des Handrührgerätes zu einem geschmeidigen, aber formbaren Teig verkneten. Sollte der Teig zu fest sein, noch etwas Milch unterkneten. Teig zugedeckt an einem warmen Ort ungefähr 1 Stunde gehen lassen, bis er sein Volumen etwa verdoppelt hat. Inzwischen für die Füllung die Feigen in kleine Würfel schneiden. Mit den Korinthen in einem Schälchen mischen, mit dem Rum oder Orangensaft übergießen und zugedeckt ziehen lassen. Haselnüsse mit Honig, Zimt und Milch in einem Topf mischen und unter Rühren erhitzen, bis die

Masse dickflüssig und streichfähig ist. Feigen-Korinthen-Mischung mit der Einweichflüssigkeit unterrühren. Gut gegangenen Teig noch einmal durchkneten, dann auf der bemehlten Arbeitsfläche oder auf einem Küchentuch etwa ½ cm dick ausrollen. Mit der Füllung bestreichen und wieder zusammenrollen. Ein Backblech mit Butter ausstreichen, die Rolle darauflegen und zugedeckt noch einmal ungefähr 30 Minuten gehen lassen. Dann in den vorgeheizten Backofen auf die mittlere Schiene schieben und bei 200 °C etwa 40 Minuten backen. Die Stäbchenprobe machen: Wenn an einem Holzstäbchen, mit dem man in die Mitte des Kuchens sticht, beim Herausziehen keine feuchten Teigreste mehr haften, ist die Rolle fertig. Die Butter mit dem Honig und dem Orangenlikör oder Zitronensaft bei schwacher Hitze schmelzen lassen. Den noch heißen Kuchen damit bestreichen und auf einem Kuchengitter vollkommen auskühlen lassen.

Honigkuchen nach belgischer Art

Zutaten für eine Kastenform
von 30 cm Länge

200 g Mandeln · 250 g Honig

2 große Eier · 400 g feingemahlener Weizen

½ Päckchen Weinstein-Backpulver

je 1 TL Zimtpulver, gemahlene Muskatblüte, Nelkenpfeffer, gemahlener Anis und Ingwerpulver

etwa 150 ccm Milch · Butter und Mehl für die Form

Mandeln mit kochendheißem Wasser überbrühen, kurz darin ziehen lassen, kalt abschrecken und die Häute abziehen. Mandeln mit einem Küchentuch gründlich abtrocknen und beiseite legen. Honig in einem Topf unter Rühren so lange erhitzen, bis er flüssig ist, dann wieder abkühlen lassen; dabei gelegentlich umrühren. Eier mit den Rührbesen des Handrührgerätes sehr schaumig schlagen, dabei nach und nach den abgekühlten Honig zufließen lassen. Weizenmehl mit Backpulver, Zimt, Muskat, Nelkenpfeffer, Anis und Ingwer untermischen und abwechselnd mit der Milch unter die Eimasse rühren. Die ganzen Mandeln untermischen. Der Teig soll schwer reißend von den Rührbesen fallen. Ist er zu weich, noch etwas Mehl unterarbeiten. Eine Kastenform mit Butter ausstreichen und mit wenig Mehl bestäuben. Den Teig hineinfüllen und glattstreichen. Den Kuchen im vorgeheizten Backofen auf der mittleren Schiene bei 180 °C etwa 80 Minuten backen. Sollte der Kuchen dabei zu schnell braun werden, die Oberfläche mit Pergamentpapier abdecken. Stäbchenprobe machen: Wenn an einem Holzstäbchen, mit dem man in die Mitte des Kuchens sticht, beim Herausziehen keine feuchten Teigreste mehr haften, ist der Kuchen fertig. Den Honigkuchen aus dem Ofen nehmen und in der Form etwa 10 Minuten stehenlassen. Dann auf ein Kuchengitter stürzen und auskühlen lassen.

Englischer Ingwerkuchen

Zutaten für eine Kastenform von 30 cm Länge
40 g Mandeln · 50 g getrocknete ungeschwefelte Aprikosen
50 g eingelegte Ingwerpflaumen aus dem Glas
225 g feingemahlener Weizen · 1 Prise Salz
1 TL Weinstein-Backpulver
je ½ TL Ingwerpulver, gemahlene Vanille und Zimtpulver
50 g Zuckerrohrgranulat · 180 g Butter
2 EL Ahorn- oder Sanddornsirup · 1 großes Ei · 1 Eigelb
100 g Korinthen · Butter für die Form

Mandeln mit kochendheißem Wasser überbrühen, kurz darin ziehen lassen, kalt abschrecken und die Häute abziehen. Die Mandeln mit einem Küchentuch gründlich abtrocknen, dann mit einem dünnen, scharfen Messer in feine Blättchen schneiden. Aprikosen und abgetropfte Ingwerpflaumen in sehr kleine Würfel schneiden. Weizenmehl mit Salz, Backpulver, Ingwer, Vanille, Zimt und Zuckerrohrgranulat in einer Schüssel mischen. Butter mit dem Ahorn- und Sanddornsirup in einem Topf unter Rühren erhitzen, bis die Butter geschmolzen ist. Masse etwa handwarm abkühlen lassen, dann das Ei und das Eigelb unterrühren. Buttermischung mit Aprikosen, Ingwerpflaumen und Korinthen zum Mehl geben und alles gut verrühren. Der Teig soll zähflüssig ein. Ist er zu fest, noch etwas kalte Milch unterarbeiten. Eine Kastenform gründlich mit Butter ausstreichen. Den Teig einfüllen und mit den Mandelblättchen bestreuen. Kuchen im vorgeheizten Backofen bei 200 °C auf der mittleren Schiene etwa 1 Stunde backen, dabei die Backofentüre während der ersten 50 Minuten keinesfalls öffnen. Stäbchenprobe machen: Wenn an einem Holzstäbchen, mit dem man in die Mitte des Kuchens sticht, beim Herausziehen keine feuchten Teigreste mehr haften, ist der Kuchen fertig. Den Ingwerkuchen aus dem Ofen nehmen und in der Form etwa 10 Minuten stehenlassen. Dann auf ein Kuchengitter stürzen und vollkommen auskühlen lassen.

Backen mit Kindern

Husarenbusserl

Zutaten für etwa 50 Stück
175 g weiche Butter · 2 Eigelb · 75 g Birnendicksaft
1 Prise Salz · 200 g feingemahlener Weizen
125 g feingemahlene Haselnüsse · Butter und Mehl für das Blech
etwa 100 g rotes Fruchtgelee oder Zuckerzusatz (Naturkostladen oder Reformhaus)

Butter mit Eigelb, dem Dicksaft und Salz mit den Rührbesen des Handrührgerätes sehr schaumig schlagen. Mehl und Haselnüsse unterkneten. Teig zu einer Kugel formen, in Folie wickeln und etwa 1 Stunde in den Kühlschrank stellen. Dann ein Backblech mit Butter ausstreichen und mit etwas Mehl bestäuben. Aus dem Teig etwa walnußgroße Kugeln formen, diese auf das Blech legen und in jedes Plätzchen mit einem Kochlöffelstiel in der Mitte eine Vertiefung drücken. Das Gelee glattrühren und jeweils etwas davon in die Vertiefung der Plätzchen füllen. Die Husarenbusserl im vorgeheizten Backofen bei 200 °C auf der mittleren Schiene etwa 15 Minuten backen. Sofort vom Blech lösen und auf einem Teller auskühlen lassen.

Butterplätzchen

Zutaten für etwa 70 Stück

200 g feingemahlener Weizen · 100 g feingemahlener Buchweizen

1½ Päckchen Weinstein-Backpulver · 2 Eier

3–4 EL Buttermilch · 80 g Zuckerrohrgranulat

1 TL gemahlene Vanille

abgeriebene Schale von ½ unbehandelten Zitrone

150 g gekühlte Butter · Mehl für die Arbeitsfläche

Butter für das Blech

100 g ungesüßte Aprikosenmarmelade oder Zwetschgenmus (Naturkostladen oder Reformhaus)

1 Eigelb · 1–2 EL Milch

feingehackte ungesalzene Pistazien, dünne Zitronen- und Orangenschalenstreifen und Weizenflocken zum Verzieren

Beide Mehlsorten mit dem Backpulver in einer Schüssel mischen. Eier, Salz, Buttermilch, Zuckerrohrgranulat, Vanille, Zitronenschale und die in Flöckchen geteilte Butter dazugeben. Alles mit den Knethaken des Handrührgerätes oder den Händen rasch zu einem glatten, geschmeidigen Teig verkneten. Sollte der Teig zu fest sein, noch etwas Wasser unterarbeiten. Teig zur Kugel formen und in Folie gewickelt etwa 30 Minuten in den Kühlschrank stellen. Teig dann noch einmal durchkneten und auf der bemehlten Arbeitsfläche etwa messerrückendick ausrollen. Beliebige Formen ausstechen. Ein Backblech mit etwas Butter ausstreichen und die Hälfte der Plätzchen darauflegen. Diese mit der Marmelade bestreichen und die restlichen Plätzchen daraufsetzen. Eigelb mit Milch verquirlen und die Plätzchen damit bepinseln. Mit Pistazien, Zitronen- oder Orangenschale und Weizenflocken verzieren und die Plätzchen im vorgeheizten Backofen auf der mittleren Schiene bei 200 °C etwa 15 Minuten backen, bis sie schön gebräunt sind. Plätzchen dann sofort vom Blech lösen und auf einem Kuchengitter auskühlen lassen.

Gewürz-Butter-Plätzchen

Zutaten für etwa 60 Stück

250 g feingemahlener Weizen · 100 g feingemahlener Buchweizen

75 g Zuckerrohrgranulat · 1 Prise Salz

abgeriebene Schale von 1 unbehandelten Zitrone und ½ unbehandelten Orange

2 TL gemahlene Vanille · 1 TL Zimtpulver

½ TL gemahlene Muskatblüte · 1 Prise gemahlener Kardamom

200 g Butter · 1 Ei · Mehl für die Arbeitsfläche

Butter für das Blech · 1 Eigelb

1–2 EL Milch · 1 EL Mandelblättchen

1 TL feingeschnittene unbehandelte Orangennschale

1 EL feingehackte ungesalzene Pistazien oder Walnüsse

Beide Mehlsorten mit dem Zuckerrohrgranulat, Salz, Zitronen- und Orangenschale, Vanille, Zimt, Muskat und Kardamom in einer Schüssel mischen. Butter in Flöckchen teilen und mit dem Ei dazugeben. Alles mit den Knethaken des Handrührgerätes oder den Händen zu einem glatten, geschmeidigen Teig verkneten. Sollte der Teig zu fest sein, noch etwas kaltes Wasser unterarbeiten. Teig zur Kugel formen und in Folie gewickelt etwa 30 Minuten in den Kühlschrank stellen. Dann noch einmal durchkneten und auf der bemehlten Arbeitsfläche etwa messerrückendick ausrollen. Mit beliebigen Förmchen Plätzchen ausstechen. Ein Backblech mit wenig Butter ausstreichen und die Plätzchen darauflegen. Eigelb mit Milch verquirlen. Die Plätzchen damit bepinseln und mit Mandelblättchen, Orangenschale, Pistazien oder Walnüssen verzieren. Plätzchen im vorgeheizten Backofen bei 180 °C auf der mittleren Schiene etwa 10 Minuten backen, bis sie schön gebräunt sind. Dann sofort vom Blech lösen und auskühlen lassen.

Zimtbrezeln

Zutaten für etwa 60 Stück

150 g feingemahlener Weizen · 100 g feingemahlener Buchweizen

70 g Zuckerrohrgranulat · 125 g gekühlte Butter

1 Ei · 1 Eigelb · 1 Prise Salz

abgeriebene Schale von ½ unbehandelten Orange

2 EL Buttermilch · Butter für das Blech · 1 Eigelb

2 EL süße Sahne · 1 EL Zimtpulver

Beide Mehlsorten mit dem Zuckerrohrgranulat in einer Schüssel mischen. Butter in Flöckchen teilen und mit dem Ei, dem Eigelb, Salz, der Orangenschale und der Buttermilch dazugeben. Alles mit den Knethaken des Handrührgerätes oder den Händen rasch zu einem glatten, geschmeidigen Teig verkneten. Sollte der Teig zu fest sein, noch etwas kaltes Wasser oder Buttermilch unterarbeiten. Teig zu einer Kugel formen und in Folie gewickelt etwa 30 Minuten in den Kühlschrank stellen. Teig dann noch einmal durchkneten und zu etwa 15 cm langen Rollen formen. Diese zu Brezeln zusammenlegen und die Enden etwas zusammendrükken. Ein Backblech mit etwas Butter ausstreichen und die Brezeln darauflegen. Eigelb mit Sahne und Zimtpulver verquirlen und die Brezeln damit bestreichen. Dann im vorgeheizten Backofen bei 200 °C auf der mittleren Schiene etwa 10 Minuten backen. Die

Brezeln sofort vom Blech lösen und auf einem Kuchengitter auskühlen lassen.

Anmerkung: Wenn Sie den Zimtgeschmack etwas kräftiger wünschen, dann können Sie dem Teig noch etwa 1 TL Zimt zufügen.

Vanillebrezeln mit Aprikosen

Zutaten für etwa 35 Stück
50 g getrocknete ungeschwefelte Aprikosen
2 EL Orangensaft · 250 g feingemahlener Weizen
1 Prise Salz · 60 g Zuckerrohrgranulat
2–3 TL gemahlene Vanille · 1 Ei · 1 Eigelb
100 g gekühlte Butter · Mehl für die Arbeitsfläche
Butter für das Blech · 30 g Butter · 1 EL Ahornsirup
1 TL Zitronen- oder Orangensaft

Die Aprikosen in hauchdünne Streifen schneiden und mit dem Orangensaft in einer kleinen Schüssel mischen. Zugedeckt ziehen lassen, bis der Teig zu Brezeln geformt ist. Für den Teig das Mehl mit Salz, Zuckerrohrgranulat und Vanille auf der Arbeitsfläche mischen. In der Mitte eine Mulde formen und das Ei und das Eigelb hineingeben. Die Butter in Flöckchen teilen und auf den Mehlrand setzen. Alles mit den Händen gründlich zu einem glatten, geschmeidigen Teig verkneten. Sollte der Teig zu fest sein, noch etwas kaltes Wasser oder Milch unterarbeiten. Den Teig zu einer Kugel formen, in Folie wickeln und etwa 1 Stunde in den Kühlschrank stellen. Den Teig dann noch einmal durchkneten und daraus auf der leicht bemehlten Arbeitsfläche etwa 20 cm lange, bleistiftdünne Rollen formen. Diese zu Brezeln zusammenlegen und die Enden etwas zusammendrücken. Die Brezeln mit den Aprikosenstreifen verzieren, dabei die Streifen etwas in den Teig drücken. Ein Backblech gründlich mit Butter ausstreichen. Die Brezeln darauflegen und im vorgeheizten Backofen bei 200 °C auf der mittleren Schiene etwa 15 Minuten backen, bis sie leicht gebräunt sind. Vom Blech lösen und auf ein Kuchengitter geben. Die Butter in einem Topf mit dem Ahornsirup und dem Zitronen- oder Orangensaft unter Rühren erhitzen, bis sie geschmolzen ist. Die Brezeln gleichmäßig mit dieser Glasur bestreichen und vollkommen auskühlen lassen.

Anmerkung: Wenn Sie die Brezeln noch vielfältiger verzieren wollen, verwenden Sie nicht nur Aprikosen, sondern auch getrocknete Pflaumen und feingehackte oder in Stifte geschnittene, ungesalzene Pistazienkerne.

Gitterplätzchen

Zutaten für etwa 70 Stück
300 g feingemahlener Weizen
100 g feingemahlener Buchweizen · 80 g Zuckerrohrgranulat
abgeriebene Schale von ½ unbehandelten Zitrone
1 Prise Anispulver · 1 TL gemahlene Vanille · 2 Eier
200 g gekühlte Butter · 1–2 EL Carobenpulver
Mehl für die Arbeitsfläche · Butter für das Blech
etwa 4 EL süße Sahne

Beide Mehlsorten mit dem Zuckerrohrgranulat, der Zitronenschale, dem Anispulver und der Vanille auf der Arbeitsfläche vermischen und in der Mitte eine Mulde formen. Die Eier in die Mulde geben. Die Butter in kleine Flöckchen teilen und auf dem Mehlrand verteilen. Alles mit den Händen gründlich zu einem geschmeidigen, glatten Teig verkneten. Sollte der Teig zu fest sein, noch etwas kaltes Wasser oder Milch unterarbeiten. Den Teig zu einer Kugel formen, in Folie wickeln und etwa 30 Minuten in den Kühlschrank stellen. Den Teig dann noch einmal durchkneten. Etwa ein Viertel davon abnehmen und mit dem Carobenpulver verkneten und dunkel färben. Den hellen Teig auf der leicht bemehlten Arbeitsfläche etwa messerrückendick ausrollen. Den dunklen Teig auf wenig Mehl zu langen, dünnen Strängen rollen und diese gitterartig über den hellen Teig legen. Aus der Teigplatte nun mit beliebigen Ausstechförmchen Plätzchen ausstechen. Ein Backblech gründlich mit Butter ausstreichen. Die Plätzchen darauflegen, mit der Sahne bestreichen und im vorgeheizten Backofen bei 180 °C auf der mittleren Schiene etwa 15 Minuten backen, bis sie leicht gebräunt sind. Dann sofort vom Blech lösen und auf einem Kuchengitter auskühlen lassen.

Anmerkung: Nachdem man die ersten Plätzchen ausgestochen hat, muß man die dunklen Teigstränge vorsichtig vom restlichen Teig abnehmen und erneut zu Strängen formen, und diese dann auf den wieder ausgerollten hellen Teig legen.

Erdnußkekse (Rezept S. 166)

v. o. n. u.: *Feigen-Sesam-Konfekt, Hagebuttenkugeln, Trockenfrucht-Bällchen*
(Rezepte S. 174, 173, 175)

Kleine Lebkuchen

Zutaten für etwa 60 Stück
30 g getrocknete ungeschwefelte Aprikosen
2 große Eier · 100 g Zuckerrohrgranulat · 1 TL Zimtpulver
½ TL gemahlener Anis · 1 Prise Nelkenpfeffer
1 Msp gemahlener Kardamom
abgeriebene Schale von ½ unbehandelten Zitrone
1 Prise Salz · 100 g feingemahlener Weizen
150 g feingemahlene ungeschälte Mandeln
Butter für das Blech · 2 EL Ahornsirup
1 EL feingehackte ungesalzene Pistazien

Aprikosen in sehr kleine Würfel schneiden. Eier mit den Rührbesen des Handrührgerätes sehr schaumig schlagen, dabei nach und nach das Zuckerrohrgranulat einrieseln lassen und so lange weiterschlagen, bis es sich gelöst hat. Zimt mit Anis, Nelken, Kardamom, Zitronenschale und Salz sowie dem Weizenmehl, den Aprikosen und den Mandeln mischen und mit einem Schneebesen unter die Eiermasse heben. Ein Backblech gründlich mit Butter ausstreichen. Von der Lebkuchenmasse Häufchen von etwa 4 cm Durchmesser auf das Blech setzen und etwas flachdrücken. Den Ahornsirup mit den Pistazien verrühren, die Lebkuchen damit bestreichen und im vorgeheizten Backofen bei 180 °C auf der mittleren Schiene etwa 20 Minuten backen. Dann sofort vom Blech lösen und auf einem Kuchengitter auskühlen lassen.

Anmerkung: Die kleinen Lebkuchen sollten Sie vor dem Verzehr mindestens 1 Woche in einer Blechdose aufbewahren, da sie vorher zu hart sind und außerdem beim Lagern noch mehr Aroma bekommen.

Geschenke aus der eigenen Küche

Bunt verzierte Weihnachtssterne

Zutaten für etwa 15 Sterne
450 g feingemahlener Weizen · 150 g feingemahlener Roggen
1 Prise Salz · 40 g frische Hefe · 70 g Zuckerrohrgranulat
etwa 3/8 l lauwarme Milch · 75 g Butter
abgeriebene Schale von 1 unbehandelten Orange und 1/2 unbehandelten Zitrone
1 TL Zimtpulver · 1 Prise Ingwerpulver
1/2 TL Nelkenpfeffer
1 Msp Anispulver · Mehl für die Arbeitsfläche
Butter für das Blech · Korinthen · Kürbiskerne
feingeschnittene Zitronen- oder Orangenschale
gehackte getrocknete, ungeschwefelte Aprikosen, Bananen, Pflaumen und Äpfel
geschälte und halbierte Mandeln sowie feingehackte ungesalzene Pistazienkerne zum Verzieren
1 Eigelb · 2–3 EL Milch oder süße Sahne zum Bestreichen

Beide Mehlsorten mit dem Salz in einer Schüssel mischen und in der Mitte eine Mulde formen. Hefe zerbröckeln und mit 1 TL Zukkerrohrgranulat und etwas Milch zu einem glatten Vorteig verrühren. Den Vorteig in die Mulde geben und mit einem Tuch bedeckt an einem warmen Ort etwa 15 Minuten gehen lassen. Inzwischen die Butter in einem Topf in der restlichen Milch unter Rühren bei schwacher Hitze schmelzen lassen. Mit dem restlichen Zuckerrohrgranulat, Orangen- und Zitronenschale, Zimt, Ingwer, Nelkenpfeffer und Anispulver in die Schüssel zum Vorteig geben und alles mit den Knethaken des Handrührgerätes zu einem glatten, geschmeidigen, aber formbaren Teig verkneten. Sollte der Teig zu fest sein, noch etwas Milch unterarbeiten. Den Teig mit einem Tuch bedeckt an einem warmen Ort etwa 1 Stunde gehen lassen, bis er sein Volumen ungefähr verdoppelt hat. Inzwischen aus festem Papier oder Pappe eine Sternschablone ausschneiden. Den gut aufgegangenen Teig noch einmal durchkneten, dann auf der bemehlten Arbeitsfläche etwa ½ cm dick ausrollen und mit Hilfe der Schablone zu Sternchen ausschneiden. Ein Backblech gründlich mit Butter ausstreichen und die Sternchen darauflegen. Mit einem Tuch bedeckt noch einmal etwa 30 Minuten gehen lassen. Dann je nach Belieben mit Korinthen, Kürbiskernen, Zitronen- oder Orangenschale, getrockneten Früchten, Mandeln oder Pistazien verzieren. Die Verzierung etwas in den Teig drücken. Das Eigelb mit der Milch oder der Sahne verquirlen und die Sternchen gleichmäßig damit bestreichen. Die Sternchen im vorgeheizten Backofen auf der mittleren Schiene bei 180 °C etwa 20 Minuten backen, bis sie schön gebräunt sind. Dann vom Blech lösen und auf einem Kuchengitter nebeneinander auskühlen lassen.

Anmerkung: Wie jedes Hefegebäck, schmecken auch die Sternchen ganz frisch am besten. Sie sollten Sie also möglichst bald verschenken oder aber einen Teil der Sternchen einzeln verpackt einfrieren und dann je nach Bedarf wieder auftauen.

Weihnachtsmann

600 g feingemahlener Weizen · 1 Prise Salz
40 g frische Hefe · 60 g Zuckerrohrgranulat
etwa 3/8 l lauwarme Milch · 50 g Butter
abgeriebene Schale von 1 unbehandelten Zitrone
1/2 TL Nelkenpfeffer · 1 TL Zimtpulver
Mehl für die Arbeitsfläche · 1 Eiweiß
Korinthen und Kürbiskerne oder Haselnüsse zum Verzieren
Butter für das Blech · 1 Eigelb
1 EL Milch oder süße Sahne

Weizenmehl mit Salz in einer Schüssel mischen und in der Mitte eine Mulde formen. Hefe zerbröckeln und mit etwa 1 TL Zuckerrohrgranulat und etwas Milch zu einem Vorteig rühren. Vorteig in die Mulde geben und zugedeckt an einem warmen Ort etwa 15 Minuten gehen lassen. Inzwischen die Butter in der restlichen Milch bei schwacher Hitze zerlaufen lassen. Mit dem restlichen Zuckerrohrgranulat, der Zitronenschale, dem Nelkenpfeffer und dem Zimtpulver zum Vorteig geben und alles mit den Knethaken des Handrührgerätes zu einem geschmeidigen Teig verkneten. Teig zugedeckt an einem warmen Ort etwa 1 Stunde gehen lassen. Dann auf der leicht bemehlten Arbeitsfläche noch einmal durchkneten. Einen Teil des Teiges für die Mütze, die Füße und sonstige Verzierungen abnehmen. Restlichen Teig zu einem länglichen Wecken formen. Aus dem oberen Teil Kopf und Hals bilden. Für die Arme den Teig mit einem scharfen Messer an den Längsseiten etwas einschneiden und die Arme durch leichtes Drücken in Form bringen. Aus dem abgenommenen Teig eine Zipfelmütze, einen geschwungenen Schnurrbart, eine runde Nase, Füße und einen geflochtenen Gürtel formen sowie einige

Sterne ausstechen. Diese Garnierungen mit verquirltem Eiweiß bestreichen und am Körper beziehungsweise dem Kopf ankleben und etwas festdrücken. Korinthen oder Nüsse als Augen und Mund in den Kopf drücken. Den Weihnachtsmann nach Wunsch mit weiteren Korinthen oder Kürbiskernen garnieren. Ein Backblech gründlich mit Butter ausstreichen. Den Weihnachtsmann vorsichtig darauflegen und mit einem Tuch bedeckt noch einmal etwa 30 Minuten gehen lassen. Dann das Eigelb mit der Milch oder der Sahne verquirlen und den Weihnachtsmann gleichmäßig damit bepinseln. Den Weihnachtsmann im vorgeheizten Backofen auf der unteren Schiene bei 170°C etwa 40 Minuten backen. Dann vorsichtig vom Blech lösen und auf einem Kuchengitter auskühlen lassen.

Anmerkung: Natürlich kann man diesen Weihnachtsmann je nach Wunsch noch zusätzlich »anreichern«. So kann man ihm zum Beispiel einen Stock aus geflochtenem Teig oder ein paar Tannenzweige in die Hand drücken. Lassen Sie Ihrer Fantasie einfach freien Lauf. Aus demselben Teig kann man auch Engel oder Sterne formen.

Mandelschnitten

(Foto Seite 136)

Zutaten für etwa 120 Stück
3 Eier · 175 g Zuckerrohrgranulat
abgeriebene Schale von 2 unbehandelten Zitronen
425 g feingemahlener Weizen · 250 g Mandeln

Eier und Granulat mit den Quirlen des Handrührgerätes sehr schaumig schlagen, bis sich das Granulat gelöst hat. Die Zitronenschale und den Weizen untermengen. Den Teig auf die Arbeitsfläche geben. Die Mandeln im ganzen unterkneten. Den Teig in drei Stücke teilen und jeweils zu einer Rolle formen. Den Teig in Pergamentpapier wickeln und bei Zimmertemperatur über Nacht ruhen lassen. Die Rollen dann in 1 cm dicke Scheiben schneiden und auf ein gefettetes Backblech legen. Die Mandelschnitten bei 130 °C etwa 40 Minuten backen. Von den Blechen lösen und auskühlen lassen.

Honigkuchenherzen

Zutaten für 4 Herzen
4 große Eier · 250 g flüssiger Honig
500 g feingemahlener Weizen · 200 g feingemahlener Hafer
200 g feingeriebene Haselnüsse
abgeriebene Schale von 1 unbehandelten Zitrone und ½ unbehandelten Orange
1 TL Zimtpulver
je ½ TL gemahlener Kardamom und Nelkenpfeffer
1 Prise Ingwerpulver · 1 Päckchen Weinstein-Backpulver
etwa 100 ccm Milch · 200 g Mandeln
50 g getrocknete ungeschwefelte Aprikosen
1 EL Ahornsirup · 1 EL Carobenpulver
Mehl für die Arbeitsfläche · Butter für das Blech
Kürbiskerne zum Verzieren · 1 Eigelb
1–2 EL Milch oder süße Sahne

Eier mit den Rührbesen des Handrührgerätes zu einer dicken, schaumigen Masse aufschlagen, dabei nach und nach den Honig zufließen lassen. Beide Mehlsorten mit den Haselnüssen, der Zitronen- und Orangenschale, Zimt, Kardamom, Nelkenpfeffer, Ingwer und Backpulver mischen und gründlich unter den Teig kneten. So viel Milch unterarbeiten, daß ein geschmeidiger, aber formbarer Teig entsteht. Für die Füllung die Mandeln in einer Schüssel mit kochendheißem Wasser überbrühen, kurz darin ziehen lassen, kalt abschrecken und die Häute abziehen. Die Mandeln mit einem Küchentuch gründlich abtrocknen und mit einem großen, schweren Messer möglichst fein hacken. Aprikosen in kleine Würfel schneiden und mit den Mandeln, dem Ahornsirup und dem Carobenpulver mischen. Den Honigkuchenteig auf der bemehlten Arbeitsfläche etwa ½ cm dick ausrollen. Aus festem Papier oder Pappe eine Herzchenschablone ausschneiden, diese auf den Teig legen und rundherum ausschneiden. Auf diese Weise insgesamt acht Herzen ausschneiden. Ein Backblech mit Butter ausstreichen. Die Hälfte der Herzen (eventuell auf zwei Bleche) darauflegen, jeweils mit einem Viertel der Mandelfüllung bestreichen und mit einem anderen Herzen abdecken. Die Ränder der Herzen mit den Zinken einer Gabel gut zusammendrücken. Die Herzen rundherum mit Kürbiskernen verzieren, diese dabei etwas in den Teig drücken. Das Eigelb mit der Milch oder Sahne verquirlen und die Herzen gleichmäßig damit bestreichen. Dann im vorgeheizten Backofen bei 200 °C auf der mittleren Schiene etwa 25 Minuten backen, bis sie schön gebräunt sind. Die Herzen auf dem Backblech etwa 5 Minuten abkühlen lassen, dann vorsichtig vom Blech lösen und auf einem Kuchengitter vollkommen auskühlen lassen. Die Herzen in Alufolie gewickelt aufbewahren.

Honigkuchen-Baumschmuck

Zutaten für etwa 20 Stück
50 g getrocknete ungeschwefelte Äpfel · 250 g Honig
⅛ l Milch · 50 g Butter · 1 Ei · 500 g feingemahlener Weizen
1 TL Zimtpulver · ½ TL Nelkenpfeffer
1 EL weißer Rum oder Zitronensaft
Mehl für die Arbeitsfläche · Butter für das Blech
etwa 100 g Pinienkerne oder ungesalzene Pistazienkerne

Äpfel in sehr kleine Würfel schneiden und beiseite legen. Honig mit der Milch und der Butter in einen Topf geben und bei schwacher Hitze unter Rühren erwärmen, bis die Butter geschmolzen ist. Die Masse in eine Schüssel geben und etwa handwarm abkühlen lassen, dann das Ei unterrühren. Mehl mit Zimt und Nelkenpfeffer mischen und mit Rum oder Zitronensaft mit den Knethaken des Handrührgerätes unter die Honigmasse kneten. Der Teig soll geschmeidig, aber formbar sein. Gegebenenfalls noch etwas Milch beziehungsweise Mehl unterarbeiten. Den Teig auf der bemehlten Arbeitsfläche etwa ½ cm dick aussrollen. Mit beliebigen Ausstechförmchen (zum Beispiel Tannenbäumen, Sternen, Ringen oder Halbmonden) ausstechen und an einem Ende der Plätzchen mit einer Stricknadel ein Loch bohren, damit man sie später an Schnüren aufhängen kann. Ein Backblech gründlich mit Butter ausstreichen. Die Honigteigplätzchen darauflegen und mit Apfelstücken, Pinienkernen oder halbierten Pistazien garnieren. Die Garnierung etwas in den Teig drücken und die Plätzchen im vorgeheizten Backofen bei 180 °C auf der mittleren Schiene etwa 25 Minuten backen, bis sie leicht gebräunt sind. Vorsichtig vom Blech lösen und auf ein Kuchengitter geben. Die Löcher für die Schnüre gegebenenfalls noch einmal durchstechen und die Plätzchen vollkommen auskühlen lassen. Dann bunte Schnüre durch die Löcher ziehen und gut verknoten. Die Plätzchen in einer Blechdose aufbewahren.

Tannenbäumchen

Zutaten für 2 Bäumchen
450 g Zuckerrübensirup · 150 g Butter
knapp 1/8 l Milch · 2 EL Orangenlikör oder Orangensaft
2 Eier · 400 g feingemahlener Weizen
100 g feingemahlene Hirse · 250 g feingemahlener Roggen
1/2 Päckchen Weinstein-Backpulver
1/4 TL gemahlener Kardamom · 1/2 TL geriebene Muskatnuß
1 TL Nelkenpfeffer · 2 TL Zimtpulver
abgeriebene Schale von 1 unbehandelten Zitrone
Mehl für die Arbeitsfläche · Butter für das Blech
einige Kürbiskerne und Korinthen zum Verzieren
1 Eiweiß · 50 g Butter · 2 EL heller Honig oder Ahornsirup
1 EL Zitronensaft

Den Zuckerrübensirup mit Butter, Milch und Orangenlikör oder -saft in einen Topf geben und unter gelegentlichem Rühren erhitzen, bis die Butter geschmolzen ist. Dann vom Herd ziehen und abkühlen lassen. Die Masse in eine Schüssel geben und die Eier gründlich unterrühren. Alle Mehlsorten mit dem Backpulver, dem Kardamom, dem Muskat, dem Nelkenpfeffer, dem Zimt und der Zitronenschale mischen und unter den Teig kneten. Der Teig muß geschmeidig und gut formbar sein. Sollte der Teig zu fest sein, noch etwas Milch unterarbeiten. Den Teig in der Schüssel mit einem Tuch bedeckt etwa 3 Stunden in den Kühlschrank stellen. Inzwischen aus stabilem Papier oder Pappe Sternchenschablonen in vier verschiedenen Größen ausschneiden. Den gut gekühlten Teig noch einmal durchkneten und auf der bemehlten Arbeitsfläche etwa 1/2 cm dick ausrollen. Mit Hilfe der größten Sternchenschablone acht Sterne ausschneiden, mit den restlichen jeweils sechs. Ein Backblech mit Butter ausstreichen. Die Sternchen darauflegen und an den Spitzen jeweils mit Kürbiskernen oder Korinthen verzieren. Die Sternchen im vorgeheizten Backofen bei 180 °C auf der mittleren Schiene etwa 20 Minuten bakken, bis sie leicht gebräunt sind. Leicht abkühlen lassen, dann vorsichtig vom Blech lösen. Solange die Sterne noch warm sind, jeweils drei der größten Sterne in der Mitte mit verquirltem Eiweiß bestreichen und so zusammensetzen, daß die Spitzen versetzt zu liegen kommen. Die kleineren Sternchenformen ebenfalls mit Eiweiß bestreichen und über den großen aufeinandersetzen. Für den Guß die Butter mit dem Honig oder Ahornsirup sowie dem Zitronensaft in einem Topf bei schwacher Hitze unter Rühren schmelzen lassen. Die Tannenbäume gleichmäßig damit bestreichen und vollkommen auskühlen lassen. Dann in Alufolie wickeln oder in einer hohen Blechdose aufbewahren.

Anmerkung: Aus dem restlichen Teig können Sie kleine Sternchen ausstechen und diese wie oben beschrieben backen und mit Glasur bestreichen.

Springerle

(Foto Seite 137)

Zutaten für etwa 30 Stück
5 g bittere Mandeln · 2 große Eier
125 g Zuckerrohrgranulat · 275 g feingemahlener Reis
abgeriebene Schale von 1 unbehandelten Zitrone
Mehl für die Arbeitsfläche · Butter für das Blech

Bittermandeln mit kochendheißem Wasser überbrühen, kurz darin ziehen lassen, kalt abschrecken und die Häute abziehen. Mandeln mit einem Küchentuch gründlich abtrocknen, dann in der Mandelmühle fein reiben. Eier mit den Rührbesen des Handrührgerätes sehr schaumig schlagen, dabei nach und nach das Zuckerrohrgranulat einrieseln lassen und so lange weiterschlagen, bis sich das Granulat gelöst hat. Reismehl mit Mandeln und Zitronenschale mischen und unter den Teig geben. Der Teig muß geschmeidig, aber so fest sein, daß man ihn ausrollen kann. Gegebenenfalls noch etwas kaltes Wasser beziehungsweise Reismehl untermischen. Teig auf der bemehlten Arbeitsfläche etwa ½ cm dick ausrollen. Eine Holzmodel mit Mehl bestäuben und in den Teig drücken. Springerle am Rand der Model mit einem Messer abschneiden. Mit dem restlichen Teig ebenso verfahren. Ein Backblech mit Butter ausstreichen und die Springerle darauflegen. Über Nacht trocknen lassen, dann im vorgeheizten Backofen bei 150 °C auf der mittleren Schiene etwa 20 Minuten backen. Springerle sofort vom Blech lösen und auf einem Kuchengitter auskühlen lassen.

Anmerkung: Wenn Sie keine Holzmodel besitzen, stechen Sie die Plätzchen einfach mit beliebigen Ausstechförmchen aus.

Florentiner

Zutaten für etwa 40 Stück
250 g Mandeln · 100 g getrocknete ungeschwefelte Aprikosen
120 g Butter · 70 g Zuckerrohrgranulat · 60 g Honig
4–5 EL Milch · 100 g feingemahlener Weizen
Butter für das Blech · etwa 40 Kürbiskerne zum Verzieren

Mandeln mit kochendheißem Wasser überbrühen, kurz darin ziehen lassen, kalt abschrecken und die Häute abziehen. Mandeln mit einem Küchentuch sehr gründlich abtrocknen und mit einem dünnen, scharfen Messer in feine Stifte schneiden. Aprikosen sehr klein würfeln. Mandelstifte, Aprikosen, Butter, Zuckerrohrgranulat, Honig, Milch und Mehl in einen Topf geben und bei mittlerer Hitze unter ständigem Rühren so lange erhitzen, bis sich der Teig zu einem Kloß zusammenballt und am Topfboden eine dünne, weiße Schicht zu sehen ist. Teig aus dem Topf nehmen und etwa handwarm abkühlen lassen. Ein Backblech gründlich mit Butter ausstreichen. Aus dem Teig mit 2 Teelöffeln etwa 40 Häufchen formen, auf das Backblech setzen, etwas flachdrükken und mit je einem Kürbiskern verzieren. Florentiner im vorgeheizten Backofen bei 180 °C auf der mittleren Schiene etwa 20 Minuten backen. Dann sofort vom Blech lösen und auf einem Kuchengitter auskühlen lassen.

Anmerkung: Im Originalrezept werden die Florentiner nach dem Abkühlen auf der Unterseite mit geschmolzener Schokolade bestrichen. Wenn Sie darauf Wert legen, können Sie dies mit einer dünnen Schicht Honigschokolade aus dem Reformhaus oder Naturkostladen nachholen.

Erdnußkekse

(Foto Seite 152)

Zutaten für etwa 25 Stück
100 g feingemahlener Naturreis · 4 Knoblauchzehen
Salz · Pfeffer aus der Mühle · Tabasco · 150 g Erdnußkerne
etwa 200 ccm Öl zum Braten (gutes Pflanzenöl)

Reismehl mit 175 ccm Wasser gut verrühren. Den Knoblauch schälen, durchpressen und dazugeben. Mit Salz, Zimt und Tabasco würzen. Die Erdnüsse unter den Teig mengen. Das Öl in einer Pfanne erhitzen. Den Teig löffelweise ins Öl geben, von beiden Seiten goldbraun braten. Herausnehmen und auf Küchenpapier abtropfen lassen.

Anmerkung: Die Erdnußkekse passen gut zu Wein. Am besten schmecken sie frisch. In Blechdosen verpackt halten sie sich vier Wochen.

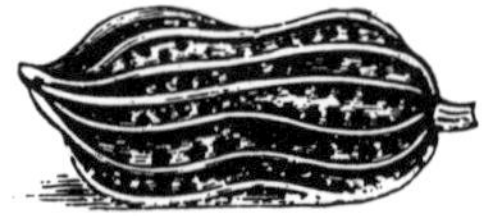

Haselnußpralinen

Zutaten für etwa 20 Stück
Etwa 150 g Haselnüsse · 80 g heller Honig
1 TL gemahlene Vanille · 1 EL Butter · 2 Eigelb
1 EL weißer Rum oder Zitronensaft · 1 TL Carobenpulver
10 getrocknete ungeschwefelte Pflaumen
⅛ l trockener Rotwein oder Orangensaft
3–4 EL feingehackte ungesalzene Pistazienkerne

Haselnüsse in einer Pfanne unter Rühren ohne Fettzugabe so lange rösten, bis die Schalen aufplatzen. Haselnüsse in einem Küchentuch kräftig gegeneinander reiben, bis die Schalen vollkommen entfernt sind, dann abkühlen lassen und in der Mandelmühle sehr fein reiben. Honig mit Vanille und Butter in einem Topf unter Rühren erhitzen, bis die Butter geschmolzen ist. Masse in eine Schüssel geben und auskühlen lassen. Dann die Haselnüsse, Eigelb, Rum oder Zitronensaft und Carobenpulver untermischen. Der Teig muß fest und formbar sein. Sollte er zu weich sein, noch etwas geriebene Haselnüsse unterkneten. Teig zugedeckt etwa 2 Stunden in den Kühlschrank stellen. Inzwischen Pflaumen gegebenenfalls entsteinen. Früchte einmal halbieren und mit dem Rotwein oder Orangensaft in einer Schüssel mischen. Zugedeckt etwa 2 Stunden ziehen lassen. Pflaumen dann abtropfen lassen und mit einem Tuch etwas abtrocknen. Haselnußmasse noch einmal durchkneten und um die Pflaumenhälften herum zu Kugeln formen. Diese in den Pistazien wälzen und in einem verschlossenen Gefäß im Kühlschrank aufbewahren.

Gefüllte Datteln

Zutaten für etwa 25 Stück
25 g große getrocknete ungeschwefelte Datteln
50 g Korinthen · 100 g Walnußkerne · ½ TL gemahlene Vanille
abgeriebene Schale von ½ unbehandelten Zitrone
1 Prise Nelkenpfeffer · 1 EL Mandellikör oder Orangensaft
1 EL flüssiger Honig oder Ahornsirup

Datteln gegebenenfalls vorsichtig entsteinen und an einer Längsseite mit einem scharfen Messer eine Vertiefung einritzen, die Datteln jedoch nicht durchschneiden. Für die Füllung die Korinthen sehr klein würfeln. Die Walnüsse mit einem großen, schweren Messer sehr fein hacken. Mit den Korinthen, der Vanille, der Zitronenschale, dem Nelkenpfeffer, dem Mandellikör oder Orangensaft und dem Honig oder Ahornsirup gründlich verrühren. Die Masse mit einem Teelöffel vorsichtig in die Datteln füllen. Die Datteln bis zum Verzehr in einem gut verschlossenen Gefäß im Kühlschrank aufbewahren.

Anmerkung: Mit dieser Füllung schmecken auch getrocknete Pflaumen sehr gut.

Kokosnußbällchen

Zutaten für etwa 40 Stück
5 g bittere Mandeln · 300 g frisches Kokosnußfleisch
150 g getrocknete ungeschwefelte Feigen oder Bananen
2 TL gemahlene Vanille
etwas abgeriebene Schale von 1 unbehandelten Orange
3 EL weißer Rum oder Milch
etwa 75 ccm frisch gepreßter Saft aus Blutorangen
etwa 75 g Honigschokolade (Naturkostladen oder Reformhaus)

Mandeln mit kochendheißem Wasser überbrühen, kurz darin ziehen lassen, kalt abschrecken und die Häute abziehen. Die Mandeln mit einem Küchentuch gründlich abtrocknen, dann in der Mandelmühle fein reiben. Das Kokosnußfleisch in kleine Stücke schneiden. Die Feigen oder Bananen klein würfeln und mit dem Kokosnußfleisch, den Mandeln, der Vanille, der Orangenschale und dem Rum oder der Milch im Mixer fein pürieren. Die Masse in eine Schüssel geben und mit so viel Orangensaft verkneten, daß eine saftige, aber gut formbare Masse entsteht. Aus der Masse etwa walnußgroße Kugeln formen. Die Honigschokolade in kleine Stücke brechen und in ein kleines Schälchen geben. Das Schälchen in ein heißes Wasserbad stellen und die Schokolade darin schmelzen lassen. Die Kokosnußkugeln rundherum dünn mit Schokolade bestreichen, auf ein Kuchengitter geben und die Glasur trocknen lassen. Die Bällchen bis zum Verzehr in einem verschlossenen Gefäß im Kühlschrank aufbewahren.

Anmerkung: Um die Bällchen mit Glasur zu bestreichen, stecken Sie sie am besten auf ein dünnes Holzstäbchen, damit Sie sie auch wirklich rundherum bepinseln können.

Butterträffel

Zutaten für etwa 35 Stück
125 g weiche Butter
125 g feingeriebene ungesalzene Pistazienkerne
2 EL Carobenpulver · 2 TL gemahlene Vanille
abgeriebene Schale von ½ unbehandelten Zitrone
etwas Carobenpulver oder feingehackte ungesalzene Pistazienkerne zum Wälzen

Butter mit den Rührbesen des Handrührgerätes sehr schaumig schlagen. Pistazien, Carobenpulver, Vanille und Zitronenschale unterkneten. Aus dem Teig etwa walnußgroße Kugeln formen und diese in Carobenpulver oder gehackten Pistazien wälzen. Kugeln in einem verschlossenen Gefäß im Kühlschrank aufbewahren.

Anmerkung: Buttertrüffeln sind besonders feine Pralinen, aber sie sind leider nicht sehr lange haltbar. Länger als acht Tage kann man sie auch im Kühlschrank nicht aufbewahren. Sie sollten sie also erst kurz, bevor Sie sie verschenken wollen, zubereiten.

Birnen-Walnuß-Taler

Zutaten für etwa 40 Stück

250 g getrocknete ungeschwefelte Birnen

⅛ l trockener Weißwein oder Orangensaft · knapp ⅛ l Wasser

1–2 TL gemahlene Vanille · ½ TL Zimtpulver

1 Prise Nelkenpfeffer · etwa 250 g Walnußkerne

Birnen mit dem Weißwein oder Orangensaft und dem Wasser in einer Schüssel mischen und zugedeckt mindestens 4 Stunden quellen lassen. Dann die Birnen mit der Vanille, dem Zimtpulver, dem Nelkenpfeffer und etwa zwei Drittel der Walnüsse in den Mixer geben und zu einer glatten Masse pürieren. Die Masse muß relativ fest und formbar sein. Sollte sie zu weich sein, noch etwas feingemahlene Walnüsse unterkneten. Die Fruchtmischung zu einer Rolle von etwa 4 cm Durchmesser formen. Die restlichen Walnüsse mit einem großen schweren Messer so fein wie möglich hacken und auf eine längliche Platte geben. Die Birnenrolle darin wälzen und die Walnüsse etwas andrücken. Die Rolle zugedeckt 1–2 Stunden in den Kühlschrank legen, dann mit einem scharfen Messer in dünne Taler schneiden. Die Taler bis zum Verzehr in einem gut verschlossenen Gefäß im Kühlschrank aufbewahren.

Fruchtschnitten

Zutaten für etwa 30 Stück
30 Mandeln
je 50 g getrocknete ungeschwefelte Feigen, Bananen, Aprikosen, Birnen und Äpfel
knapp ¼ l ungesüßter Apfelsaft · 50 g ungeschälte Sesamsamen
abgeriebene Schale von 1 unbehandelten Zitrone
½ TL Zimtpulver · etwa 50 g feingeriebene Haselnüsse

Die Mandeln mit kochendheißem Wasser überbrühen, kurz darin ziehen lassen, kalt abschrecken und die Häute abziehen. Die Mandeln mit einem Küchentuch gründlich abtrocknen und auf einem Teller beiseite legen. Die Trockenfrüchte in einer Schüssel mischen, mit dem Apfelsaft übergießen und zugedeckt mindestens 4 Stunden quellen lassen. Dann mit der Einweichflüssigkeit und den Sesamsamen in den Mixer geben und zu einer glatten Masse pürieren. Die Masse in eine Schüssel füllen und mit der Zitronenschale, dem Zimtpulver und den Haselnüssen verrühren. Die Masse muß relativ fest und formbar sein. Sollte sie zu weich sein, noch etwas geriebene Haselnüsse untermischen. Die Masse etwa 1 cm dick zu einem Rechteck auf ein Stück Pergamentpapier streichen und etwa 1 Stunde in den Kühlschrank stellen. Dann mit einem großen, scharfen Messer in etwa 30 Stücke schneiden und mit je einer Mandel verzieren. Die Fruchtschnitten bis zum Verzehr in einem gut verschlossenen Gefäß im Kühlschrank aufbewahren.

Hagebuttenkugeln

(Foto Seite 153)

Zutaten für etwa 40 Stück
200 g Mandeln
75 g ungesüßtes Hagebuttenmark (Naturkostladen oder Reformhaus)
abgeriebene Schale von 1 unbehandelten Zitrone
1 TL gemahlene Vanille · 1 Prise Ingwerpulver
etwa 60 g feingehackte ungesalzene Pistazienkerne oder ungeschälte Sesamsamen

Die Mandeln in einer Schüssel mit kochendheißem Wasser überbrühen, kurz darin ziehen lassen, kalt abschrecken und die Häute abziehen. Die Mandeln dann mit einem Küchentuch gründlich abtrocknen und in der Mandelmühle fein reiben. Mandeln mit dem Hagebuttenmark, der Zitronenschale, der Vanille und dem Ingwerpulver in einer Schüssel zu einer geschmeidigen, aber festen Masse verkneten. Sollte die Masse zu weich sein, noch etwas geriebene Mandeln unterarbeiten. Aus der Masse etwa walnußgroße Kugeln formen und rundherum in den Pistazien oder Sesamsamen wälzen, diese dabei etwas andrücken. Die Hagebuttenkugeln vor dem Verzehr in einem gut verschlossenen Gefäß im Kühlschrank aufbewahren.

Feigen-Sesam-Konfekt

(Foto Seite 153)

Zutaten für etwa 60 Stück
450 g getrocknete ungeschwefelte Feigen
etwa ⅛ l trockener Rotwein oder Orangensaft
20 g eingelegte Ingwerpflaumen aus dem Glas
abgeriebene Schale von 1 unbehandelten Orange und ½ unbehandelten Zitrone
1 Prise gemahlener Koriander · ½ TL gemahlener Kardamom
etwa 75 g ungeschälte Sesamsamen

Die Feigen in kleine Würfel schneiden, mit dem Rotwein oder Orangensaft in einer Schüssel mischen und zugedeckt etwa 2 Stunden ziehen lassen. Dann mit der Einweichflüssigkeit und den Ingwerpflaumen in den Mixer geben und zu einer glatten Masse pürieren. Die Masse in eine Schüssel geben und mit der Orangen- und Zitronenschale, dem Koriander und dem Kardamom würzen. Die Masse soll fest und formbar sein. Sollte sie zu trokken sein, noch etwas Rotwein oder Orangensaft untermischen. Das Feigenpüree auf einem Stück Pergamentpapier zu einem Rechteck von etwa 1 cm Dicke ausrollen und etwa 1 Stunde in den Kühlschrank legen. Die Platte dann mit einem in kaltes Wasser getauchten, scharfen Messer in gleich große Würfel schneiden. Die Sesamsamen auf einen großen Teller geben. Die Feigenwürfel rundherum darin wälzen, dabei die Sesamsamen etwas andrükken. Die Feigenwürfel bis zum Verzehr in einem gut verschlossenen Gefäß im Kühlschrank aufbewahren.

Trockenfrucht-Bällchen

(Foto Seite 153)

Zutaten für etwa 50 Stück
Je 100 g getrocknete ungeschwefelte Pflaumen (entsteint) und Aprikosen
50 g Korinthen · knapp ¼ l lauwarmes Wasser
150 g Haselnüsse
etwa 100 g Kokosraspeln (möglichst frisch geraspelt)

Trockenfrüchte und Korinthen mit dem Wasser bedecken und mindestens 4 Stunden oder über Nacht zugedeckt quellen lassen. Trockenfrüchte dann mit dem Einweichwasser und den Haselnüssen im Mixer zu einer glatten Masse pürieren. Masse mit der Hälfte der Kokosraspeln verkneten und zu etwa walnußgroßen Bällchen formen. Kugeln rundherum in den restlichen Kokosraspeln wälzen und möglichst im Kühlschrank aufbewahren.

Rezeptregister nach Sachgruppen

LEBKUCHEN UND HONIGKUCHEN

SAFTIGE STOLLEN UND WEIHNACHTLICHE KUCHEN

SPEZIALITÄTEN AUS VERSCHIEDENEN LÄNDERN

BACKEN MIT KINDERN

GESCHENKE AUS DER EIGENEN KÜCHE

Alphabetisches Rezeptregister